零冲突沟通

构建成功人际关系的极简法则

[美] 威廉·雷利 William J. Reilly 著

OPENING CLOSED MINDS AND PERSUADING OTHERS TO ACT FAVORABLY

中国青年出版社

图书在版编目（CIP）数据

零冲突沟通：构建成功人际关系的极简法则 /（美）威廉·雷利著；那祁译.
—北京：中国青年出版社，2024.2
书名原文：Opening Closed Minds, and Persuading Others to Act Favorably
ISBN 978-7-5153-7209-9

Ⅰ.①零… Ⅱ.①威… ②那… Ⅲ.①人际关系学－通俗读物 Ⅳ.①C912.1-49

中国国家版本馆CIP数据核字（2024）第005571号

零冲突沟通：构建成功人际关系的极简法则

作　　者：［美］威廉·雷利
译　　者：那　祁
策划编辑：丁　兴
责任编辑：于明丽
美术编辑：张　艳
出　　版：中国青年出版社
发　　行：北京中青文文化传媒有限公司
电　　话：010-65511272 / 65516873
公司网址：www.cyb.com.cn
购书网址：zqwts.tmall.com
印　　刷：大厂回族自治县益利印刷有限公司
版　　次：2024年2月第1版
印　　次：2024年2月第1次印刷
开　　本：880mm × 1230mm　1 / 32
字　　数：116千字
印　　张：5.5
书　　号：ISBN 978-7-5153-7209-9
定　　价：49.90元

序

人类迄今取得任何进步的历史，都是一部人类适应环境规律的历史。那些顺应规律的人通常会实现心智成熟和事业成功，而那些做不到这一点的人往往会处处碰壁。

科学的任务之一就是总结我们的经验，将我们对环境的认识归纳成简单的规则、规律和准则，以使之易于人们理解和自觉地应用，同时便于交流以改善我们的日常生活。在过去的几十年里，美国国家清晰思维研究中心对这方面的研究取得了一些进展。

我们生活中的大多数问题都是人际关系方面的问题，而那些内心对我们封闭的人最让我们头疼。 在过去的十年里，我们一直专注于对封闭的内心做进一步研究，目的是建立科学合理的心态和准则。我们可以将这些心态和准则运用到我们的日常生活中，从而构建成功的人际关系。

我已在书中对这种简单的心态作了阐述。这种心态建立在人类欲望的基础上，并已被证明对打开封闭的内心是最有效的。

在此，我要感谢清晰思维研究所的客户，他们贡献了本书所依据的大部分事实案例材料。我还要感谢格拉迪斯·雷利（Gladys Reilly），她帮助我改进了书中材料的呈现。

威廉·雷利

目　录

引　言　以零冲突沟通构建成功的人际关系 / 009

第 1 部分　底层逻辑

第 1 章　人际沟通的 4 个心理层级 / 017

第 2 章　人的 5 种基本欲望 / 025

人们渴望获得爱与关怀 / 025

人们渴望获得物质财富 / 027

人们渴望获得自我满足 / 028

人们渴望获得身体健康 / 029

人们渴望获得正面关注 / 030

第 2 部分　沟通策略

第 3 章　如何打开封闭的内心 / 035

当你是对的时该怎么做 / 041

当你不完全对时该怎么做 / 050

当你发现自己完全错了时该怎么做 / 053

第 4 章 **如何获得信任 / 061**

为对方的利益着想 / 062

选择正确的时机来给出证据 / 065

合理且完整地向对方做出陈述 / 065

深思熟虑，简单明了，有吸引力 / 068

不要做出过于热切的承诺 / 073

避免有争议的态度 / 075

杜绝轻率的言行 / 076

第 5 章 **如何激发信赖 / 083**

信赖关系是否过于理想化 / 084

请求对方信赖你 / 090

信赖关系对你意味着什么 / 097

第 6 章 **如何使用强制手段 / 105**

使用强制手段的 3 个条件 / 105

在家庭中使用强制手段 / 107

在工商业中使用强制手段 / 115

第 3 部分 正确心态

第 7 章 **如何在家庭生活中运用零冲突沟通 / 125**

与我们一起生活的人 / 125

无论你在哪里遇到的人 / 133

记住：人们能感受到你的态度 / 135

第 8 章 **如何说服他人并使其欣然接受 / 139**

在家庭中构建成功的人际关系 / 139

在工作中构建成功的人际关系 / 148

挑选合适的员工 / 154

培训和提升合适的员工 / 163

结 语 **以服务的态度对待他人 / 171**

引　言

以零冲突沟通构建成功的人际关系

要想让别人按我们的意愿去做，只有两种途径：一种是说服；另一种是强制。我们的智力水平越高，就越倾向于在与他人的交往中选择说服，而放弃强制。然而，当我们想要在工作、家庭以及社会事务中维护规则和秩序时，就会面临一些人际关系方面的问题。如果我们想要避免在处理这些问题时持一种狭隘且不切实际的看法，我们就必须承认，尽管我们会尝试说服他人，但说服往往可能会失败，我们除了退却、投降，或采取强制手段之外别无他法。

在养育孩子的过程中，当说服无效时，某种惩罚可能是必要的。每当我们迫不得已将自己的意志强加给孩子时，我们总是希望孩子日后会明白，我们所做的一切都是为了他们好。在一个人们的心智普遍不成熟的世界里，我们看到成年人在盲目追求某些目标时，自私地遵循一种可能给他人带来损失或伤害的行为模式。如果有人试图损害我们的名誉、工作、亲友、婚姻或家庭；如果有匪徒试图抢劫我们；抑或是，如果当时暴力是对方唯一听得懂的语言，我们或许要认真考虑使用强制手段来解决问题的可能性。我们可能想先“给他们点教训”，然后再尝试用道理说服他们。简言之，在某些情况下，我们可能选择不逃跑，也不投降，而是选择采用强制手段，等到硝烟散尽之后，再想办法说服对方，让他们明白我们的做法符合他们的最大利益。

然而，关键是，我们可能会在没有正当理由的情况下使用强制手段。当我们知道自己是对的，并且拥有压倒性的力量时，我们就很容易恃强凌弱，诉诸暴力——即使我们有足够的时间来说服别人。由于这种公然的暴力滥用的存在，许多心智成熟的人希望在人际关系中杜绝使用强制手段。他们认为强制手段充其量只是一种工具，归根结底，解决人类之间的任何分歧或冲突，并达成接近双方都满意结果的唯一方法是通过心平气和的说服。这些人认为，在人际关系中，使用强制手段徒劳无益，而且与说服相对立，二者不可共存。

难怪我们对于应该如何着手解决日常人际关系中的问题有如此多的困惑。我们在人类生活的各种情境下都能看到这种困惑。父母们争论孩子是否该打屁股，如果该打，什么时候打。当孩子不吃饭时，许多父母不知道该怎么办。教育者就该用纪律约束孩子，还是放飞孩子的天性展开了激烈的争论。那些渴望在事业上出人头地的年轻人，从学校毕业之后，并没有充分认识到良好的人际关系对实现职业目标的重要性，而且似乎对如何找到自己真正想要的工作，如何在自己选择的工作岗位上获得升职、加薪或任何其他形式的认可而感到困惑。离婚率居高不下，很大程度上是因为夫妻双方普遍没有为解决他们在生活中大大小小的分歧而制订一套预案。

长久以来，商界领袖们一致认为，任何高层、中层、基层管理者的成功主要取决于他们“与人相处的能力”。然而，很多人在行事上仍然倾向于凭一时感觉，且毫无章法，在不同的时间以不同的方式处理类似的问题。也就是说，很多人没有一套建立在对人性透彻理解基础之上的处理人际关系的方法论，而是完全跟着感觉走。如此一来，我们将继续就选择说服还是强制进行争论，我们将继续对解决日常人际关系问题感到困惑，我们将继续犯下代价高昂的错误，直到我们开始更加注意人类行为的基本规律。人类之所以在发现这些规律究竟是什么方面进展缓慢，原因有三：

首先，如果我们回顾人类漫长的历史，我们就会发现，在相当长的一段时间里，人类的行为很像猿猴——事实上，举止优雅对我们来说还是一个比较新的概念。我们给自己置办了一些漂亮的装束，给自己披上了一层薄薄的“文明”外衣。进入现代社会以来，我们在将科学方法应用于自身之外的物质事物方面取得了惊人的进步，甚至到了可以用这些东西毁灭自己的地步。但我们开始研究人类脑袋中那个决定我们一切行为的器官如何运作的时间并不太久。

这是可以理解的。当人们生活在小家庭或部落中时，他们主要关心的是如何使自己适应自然环境，确保自己有食物、居所、衣服，并保护自己免受恶劣天气和天敌的侵害。但是现在我们已经发现了许多支配我们的物理和物质环境的规律。我们在征服物理和物质环境方面已经走了很长一段路。因此，国家和民族的数量成倍增加，彼此之间的交流和贸易联系日益密切。如此一来，我们现在的主要问题是学习如何与他人相处——如何使自己适应复杂的人类环境。

我们迟迟没有发现成功人际关系的基本原则的第二个重要原因是，当我们违反了一条人类行为法则时，反作用通常会延迟到来。我们可能会在冒犯一个人，或者不公正地利用一个人之后，很长一段时间里不会受到明显的惩罚。即便如此，我们也可能不将自己所受的惩罚与自己所犯的错误联系起来。事实上，我们永远不需要承认这样的错误。我们总是可以把我们所做的事情合理化，认为在这种情况下这样做是正当的。

在物质世界却并非如此。对违反这些规律的惩罚通常要来得快很多。我们都知道，如果我们挑战万有引力定律，从十楼的窗户跳下去，几乎可以肯定没有生还可能。如果我们的工厂不按照一个确保结构合理的物理定律来建造，我们很快就会看到后果；如果我们的机器过载运行，它们很快就会出故障；如果忽视一条化学定律，就可能引发剧烈的爆炸。

由于当我们在人际关系中违反法则时，惩罚往往是滞后的，我们实际上没有意识到自己犯了许多错误。我们总是巧妙地为自己意识到的错误找借口——满足于自己在特定情况下做了正确的事，或者把自己的错误归咎于他人或我们无法控制的情况——所以我们晚上可以带着一种认为别人不正常，而自己正常的总体满足感入睡。

这就引出了第三个原因，也可能是最重要的原因，为什么人类在改善与他人的关系方面进展缓慢。人是自负的动物。为了挽回面子，为了证明自己是对的，我们几乎会做任何事，即使我们暗暗觉得自己完全错了。人们已经发现自然规律是不可违抗的。但在人际关系领域，我们仍然为自己的自负观点找到了相当大的空间。虽然我们可能意识到自己生活在一个感性多于理性的世界，虽然我们经常看到别人在与人交往时的不明智或不公平，但我们每个人都倾向于认为自己在与他人的交往中，为人厚道，做事得体，扮演着一个受欢迎的角色。

我们中的许多人面对涉及化学或物理规律的问题时往往不发一言，但在涉及人际关系规律的问题上却滔滔不绝。几乎每个人都认为自己看人很准，随时准备以我们自己的视角而非客观地看问题，随时准备对他人的优点或缺点进行个人评判，并且在不甚了解的情况下，预测他们将如何行动或应该如何行动。由于受到这些以自我中心和自我满足的舒适错觉的束缚，我们在研究人际关系事实，消除个人观点，清除行为上的混乱，认识到可以运用科学的方法来减少我们的错误，提高我们解决日常生活问题的成功率方面确实进展缓慢。

为了我们自身的利益，我们不妨承认，支配人类行为的规律是永恒不变的，正如支配一切物质事物的性质的规律是永恒不变的一样。我们越早认识到，违反任何这些人类法则都会受到惩罚，就像藐视万有引力定律会受到惩罚一样，在解决人际关系问题时，我们就越早开始像解决物质问题一样谨慎，减少“对他人的不人道”，同时在我们的工作、家庭、社区、国家以及国际关系中，更多地享受成功人际关系的回报。

人类有能力做到这一切。因为，尽管我们有缺点，但我们也有许多值得肯定的地方。我们一次又一次地证明，当我们的生存受到威胁或当我们提升自我的渴望受到激发时，我们有一个能够进行逻辑思考的大脑。我们一次又一次地证明，我们有一颗具有某些可贵品质的心，这些品质常常激励着人类做出伟大的自我牺牲和为人类服务的表现。这需要我们在课堂上、在家庭中、在工作场所进行大量耐心的教育，但是，只要通过简单的例子向人们表明，遵守人性法则确实会给我们带来物质上的回报和精神上的满足，我们就会少犯错，不再目光短浅，并变得更有兴趣为他人服务。

在接下来的章节中，我们将探索零冲突沟通的基本原则，以及如何将它们有效地应用到构建成功的人际关系上去。我们将定义所有人际沟通中的4个心理层级，我们将学习如何使用零冲突沟通原则来打开他人封闭的内心，获得他们的信任，并激发他们的信赖。我们将看到强制手段在人际沟通中所处的地位，并确定我们使用强制手段的三个基本条件。

第1部分

底层逻辑

第 1 章

人际沟通的4个心理层级

如果我们认识或遇到的每个人都相信我们所说的一切，那么我们几乎可以得到我们想要的任何东西。问题是大多数人内心往往对我们是封闭的。虽然你可能没有以这种方式思考过人际沟通，但实际上我们和我们所认识的每个人都处于4个心理层级中的某一个层级。

心理层级1——封闭

当对方处在这一心理层级时，意味着我们会受到他们的冷遇。他们会对我们“嗤之以鼻”，或用“哦，是吗？”这样的话来敷衍我们。不管我们说什么，他们都无动于衷。他们的内心对我们是封闭的。

心理层级2——开放

当对方处于这一心理层级时，意味着我们可以同他们进行沟通。虽然这些人会听我们说话，但我们必须拿出能够说动他们的东西，还必须用各种手段来证明自己对他们所说的话，然后他们才会按照我们的意愿去做。

心理层级3——信任

当对方处于这一心理层级时，意味着我们得到了他们的信任。他们对我们抱有一种合作且友好的态度。虽然他们愿意按照我们的意愿去做，但他们仍然需要我们给出一些理由或证据，而这些理由必须“合情合理”。

心理层级4——信赖

当对方处于这一心理层级时，意味着“无论你说什么我都应允”。他们会不带任何顾虑和质疑地按照我们的意愿去做。他们不需要我们向其提供任何理由或证据。他们无条件地信赖我们。

下面4种场景能让我们很容易区分这4个心理层级。

当一个男人在公司加班到深夜，凌晨两点才回到家时，我们来设想一下当时可能的场景：

男人悄悄地把门关上，他的妻子醒了，在卧室喊了一声：“是你吗，亨利？”

“是我。”他疲惫地回答。

“怎么这么晚才回来？”她问。（妻子穿着睡衣，来到他跟前。）

“在公司加班。”他解释道。

“那你一定很累了，”妻子同情地说，“睡觉前，要不要再吃点东西？”

这就是信赖！

然而，如果对话是这样进行的：

亨利关上门，他的妻子醒了，在卧室喊了一声："是你吗，亨利？"

“是我。”他疲惫地回答。

“怎么这么晚才回来？”她问。（妻子穿着睡衣，来到他跟前，眼中流露出疑惑的神情。）

“在公司加班。”他解释道。

“加班到这么晚？那一定有很重要的事处理！”

“是的，”亨利把手伸进口袋说，“这里有一封总公司发来的加急函，让我们在明天9点之前完成报表。”

“你太辛苦了，他们应该给你加薪。”妻子说，“睡觉前，要不要再吃点东西？”

这是一种信任！高度信任！

然而，如果对话是这样进行的：

亨利关上门。他的妻子醒了，在卧室大喊一声："是你吗，亨利？"

“是我。”他疲惫地回答。

“怎么这么晚才回来？”她问。（妻子穿着睡衣，双手抱在胸前，瞪着他，眼中充满疑惑的神情。）

“在公司加班。”他解释道。

“加班到这么晚？”她怀疑地问，“那看来有非常重要的事处理！”

“是的，”亨利把手伸进口袋，拿出一张纸说，“这里有一封总公司发来的加急函，要求我们在明天9点之前完成报表。”

“让我看看。”她一把夺过那张纸，认真地看了起来。

“今天是几号？”她厉声问。

“几号？应该……可能是10号，星期五。”

“这封信的日期是9号，星期四。你怎么解释？”她问。

亨利看着信说：“这是一封夜间来函，是昨晚从总公司寄来的，但我们直到今天早上才收到。”

“还有谁和你一起工作？”她继续追问。

“杰克！”亨利立刻回答。

“好吧，杰克和露西明天晚上要和我们聚餐。到时候，我倒要看看他会怎么说。你睡觉前不想吃点东西吗？”

此时她的内心处于“开放”这一层级。虽然她会听丈夫的解释，但她需要得到更充分的证据。

然而，如果对话是这样进行的：

亨利关上门。他的妻子醒了，在卧室大吼一声：“是你吗，亨利？”

“是我。”他疲惫地回答。

“去哪儿了？别骗我！”她继续大吼。

“在公司加班。”这个既疲惫又可怜的男人平静地回答。

但她听进去了吗？并没有！

她的情绪突然失控，挥起拳头，作势打人，哭着说：“你到底去哪了？”

亨利竭力忍让。

显然，此时她的内心处于“封闭”这一层级。

由此可见，想要认清我们与他人的关系，我们并不需要成为心理学家，我们只需听一听对方说的话就可以办到。

当一个学生把他的试卷拿给老师看，暗示对方应该给他更高的分数时，老师表示：“我很愿意再看一遍你的试卷。”学生可以确定老师处于心理层级2——开放。但是，如果老师表示：“这就是你应得的分数。”学生可以确定老师处于心理层级1——封闭。当一名员工向老板要求加薪时，老板表示：“汤姆，其实我早有此意。从下周开始，你的薪水会增加10%。”汤姆可以确定他的老板处于心理层级4——信赖。但是如果老板说：“你应该庆幸你有一份工作。”可以确定老板处于心理层级1。当一位母亲劝她的女儿不要雨天出门时，女儿说：“知道了，妈妈。”可以确定女儿处于心理层级4。当一个心怀不满的员工对他的上司说：“如果你因此解雇我，我就会向工会投诉，而这将引发一场罢工。”此时员工处于心理层级1，因为这个员工的内心此刻对上司一定是封闭的。

当你把推销员拒之门外时，你处于心理层级1。当一个休假的水手坐在月光下的小船上，在伴侣耳边低声说了句情话，如果她说"好"，那么此时她处于心理层级4。如果她说"也许吧"，那么此时她处于心理层级3。如果她说"我对你还不够了解"，那么此时她处于心理层级2。如果她扇了他一巴掌，然后骂了句"滚"，那么此时她显然处于心理层级1，这位水手可以重新出海了。

面对一个内心对我们封闭的人，我们必须先想办法打开对方的内心。面对一个内心对我们开放的人，我们需要向对方提供充分的证据。面对一个信任我们的人，我们只需给出少量证据。面对一个信赖我们的人，我们无须做任何解释。正如我们在后文将看到的那样，向信赖我们的人做冗长的解释是一个严重的错误。事实上，**如果我们想与任何人打交道都得心应手，我们必须精准确定对方所处的心理层级。**

如果你想衡量自己与他人的关系状况，那就列一张你认识的人的名单——和你一起生活的人、和你一起共事的人、你要拜访的人，以及你想结交的人。

有多少人信赖你？

有多少人信任你？

有多少人对你敞开内心？

有多少人对你封闭内心？

在接下来的章节中，我们将首先了解人的5种基本欲望，然后以此为基础，深入探讨如何打开那些对我们封闭的内心，从而获得他人的信任，并最终赢得他们的信赖。无论从哪个方面来讲，在人际关系中，赢得他人的信赖都是生活给予一个人最大的奖励。

第 2 章

人的5种基本欲望

欲望是人类所有行为的驱动力。事实上，促使人们做任何事无外乎两个原因：

- 为了得到我们想要的和我们没有的东西。
- 为了避免失去我们拥有的和我们想保留的东西。

既然欲望有如此强大的驱动力，那么我们能否打开那些对我们封闭的内心，就必然直接取决于我们理解人类欲望的程度。所有人都最渴望获得的东西其实并不稀奇。诚然，我们每个人都是独立的个体，以自己的方式实现对自身欲望的满足，但其实，所有人本质上都有着相同的基本欲望。

人们渴望获得爱与关怀

从我们出生那一刻起，我们就渴望得到我们最亲近之人的爱与关怀。如果没有父母的关爱，孩子根本不可能身心健康地长大。从青少年时期开始，性冲动和潜在的情感倾向支配了我们的大部分行为。每个人或早或晚都希望找到伴侣，并建立自己的家庭。

虽然爱情和婚姻的关系确实像马和马车一样，但显然，**一场婚姻成功与否，往往取决于两个方面。一方面，在外表上，双方要对彼此有吸引力；另一方面，在一些重要问题上，双方必须在一个频道上，**比如：

- 对令人满意的生活水平的理解。
- 对金钱和物质的相对重要性的认识。
- 对彼此人生准则与信仰的态度。
- 允许彼此在家庭中享受亲密关系的同时拥有属于自己的生活。

如果你找到一个与你在精神和情感上非常契合的人，你就拥有了使你的生活变得充实的爱情。很多婚姻之所以失败，就是因为双方并没有意识到美满婚姻的这些先决条件。然而，即使我们遇到了对的人，我们也可能在专注于追求其他欲望的过程中失去对伴侣的爱。

有些人因为感官上的互相吸引而盲目地步入婚姻，结果他们发现彼此在精神上几乎毫无共鸣。有些婚姻因为丈夫陪伴妻子和家人的时间太少，或者妻子参加社交活动过于频繁而受到影响。遗憾的是，我们并不总是表现出自己渴望获得与我们一起生活的人的爱与关怀。在与我们最亲近之人的相处中，我们常常表现出自己最糟糕的一面。在家庭之外，与同事、朋友和其他人在一起，我们可能非常注意维持良好的人际关系。在外人面前，我们可能非常热情周到，但当我们回到家时，我们常常拒绝对家人表现出起码的关爱。你有多久没对你的伴侣、孩子、父母说你爱他们了？

人们渴望获得物质财富

“你们最想要的是什么？”当我问一些人这个问题时，许多人会说，他们想要钱或某些钱能买到的东西，并且他们认为：“没有什么是钱解决不了的。”

一个刚毕业的小伙子渴望找一份好工作，先赚钱买一辆车，以后如果条件允许的话就结婚。一个姑娘和家人住在城市的郊区，她渴望攒钱在市中心买一套属于自己的公寓，并报一些商业培训课程来提升自己。一对年轻夫妇，已结婚3年，一直在城里蜗居。他们最大的心愿就是在自己的第一个孩子出生前，尽快攒够买房的首付。一个中年业务员觉得自己“把生命中最美好的时光献给了公司，自己到头来却一无所获”，他渴望募集一笔资金去创业，供孩子上大学。一个能干的企业主管，到了即将退休的年纪，可他并没有多少存款，并且他65岁时能领到的养老金非常微薄。他现在的日常花销很高，他希望退休后有足够的钱来维持自己的生活水平。

几乎每个人都会告诉我们，自己需要更多的钱，**所以，任何时候，我们以物质财富作为切入点，去打开那些对我们封闭的内心，大概率能得到很好的回应。**

人们渴望获得自我满足

我们每个人都渴望获得精神或情感上的满足，必须既要做到自我认可，还要从他人那里得到一定程度的认可。在一个人们的心智普遍不成熟的世界里，大多数人往往试图通过让自己的外表富有吸引力和积累物质财富来获得自尊以及他人的认可。在我看来，渴望获得美味的食物、光鲜的衣着、舒适的居所以及许多可以节省时间和体力的设备并没什么不好。而且，吃得好、穿得好、住得好，有益于身心健康。然而，无论是否已经得到了这一切，许多人意识到，**要想建立更深层次、更令人满意的自尊，要想从他人那里获得更真实、更持久的认可，必须采用一种更根本的方式。**从长远来看，你对自己的认识和你从别人那里得到的回应，取决于你长期以来形成的处世方式。

热爱工作的人，总是努力提升自己的能力和表现，并为自己所从事的工作感到自豪，他们通过这种方式获得自我满足。幼儿的母亲明白她们正在从事着对自己来说最重要的工作，她们从创造和经营一个温馨的家中获得自我满足。许多人通过追求自己的爱好或积极参加各种社团活动来获得种种额外的自我满足。当父母们到了退休年龄，完成了养家糊口的任务后，他们仍然渴望获得自我满足。父母们既不能通过退休、无所事事、没完没了地讲过去的经历，来获得自我满足，也不能通过干涉成年子女的生活来获得自我满足。如果我们在晚年继续从事自己感兴趣的活动，就会觉得自己有用，就会更快乐，并且会活得更久。

人们渴望获得身体健康

任何人都会告诉你，他们渴望自己身体健康。然而，许多人直到失去了健康才真正意识到，没有健康的身体，他们确实难以享受生活。俗话说，**一个健康的人可以有一百个梦想，一个失去健康的人只有一个梦想——那就是健康。**

我们常常看到一些商业巨子或精英人士因劳累过度而罹患重病或英年早逝。他们似乎没有意识到自己之所以劳累过度，是因为受到一种欲望的诱惑，或是为了赚超出自己实际需要的钱，抑或是为了保住他们已经得到的认可或领导地位。对于那些刚刚开始以健康为代价让自己超负荷工作的年轻人来说，这些诱惑同样令他们难以抗拒。

很多人觉得健康的生活方式仅仅意味着有规律且合理的生活方式。从长远来看，你在精神上和身体上的感受在很大程度上取决于每天发生在你身上的事情——你是否有钱支付账单，你是否遵循良好的日常饮食、睡眠、工作和放松习惯，以及你在家里能否感受到关爱和尊重。

正如提出“情绪健康”理念的著名心理咨询专家约翰·辛德勒（John A. Schindler）博士所指出的那样：我们医生在诊室里看到的大多数由情绪引起的疾病，并不是由一种强烈的可怕情绪所引起的，甚至也不是由种种不幸的遭遇所引起的。相反，**大多数情绪性疾病往往是由一成不变的、看似轻微却令人不快的情绪所引起的。**这类患者每天都沉浸在焦虑、恐惧、沮丧和渴求之中。我们多年前就从临床上确定了这一点。当你，我，或者我们中的任何一个人，患有生理性疾病时，这些疾病超过50%的概率是由负面情绪引起的。

人们渴望获得正面关注

有一种欲望与爱、金钱、自我满足以及健康，这些人类普遍存在的欲望息息相关，但又远远超出其中任何一种欲望，这是一种包罗一切，却往往不外露的欲望，同时也是**人类内心最广泛、最深刻、最强大、最持久的欲望，即对正面关注的渴望。**

从我们出生到离世，我们潜意识里都渴望得到那些我们最亲近之人的正面关注，如果没有得到这种关注，我们就会感到孤独、没有安全感和不舒服。

对于新生儿来说，正面关注意味着在他们醒着的时间里，母亲温暖且充满爱意的抚触。

对于学龄前儿童来说，正面关注意味着得到家里每个人的关爱和夸奖。

对于小学生来说，正面关注意味着得到家里每个人的关爱，加上老师的认可，以及尽可能得到老师、同学和邻居中他们所认识的每个人的善待。

对于高中生来说，正面关注意味着得到家里每个人的关爱，加上老师和他们所认识的其他成年人的认可和表扬，以及在男同学和女同学两个群体中赢得好人缘。

对于成年人来说，这意味着得到亲近之人的关爱，加上他生活轨迹之内所有人的认可，以及尽可能得到他们的称赞与尊敬。

所有这一切都意味着，在人类社会中无疑存在着各种各样的关注需求。

对于大多数人来说，如果能享受到亲近之人的关爱，再加上师友和同事的认可，就已经相当满足。不过，有些人需要获得身份和地位所带来的满足感。有些人似乎在得到鲜花与掌声时最快乐。有些人除非在他们那个特定领域得到公认的权威或领导者的赏识和尊重，否则他们不会感到满足。有些人似乎强烈地渴望赢得所有人的钦佩和尊重，并在历史上留下一笔。

每当人们没有获得他们想要的那种正面关注时，他们就有可能变得狂悖。众所周知，没有得到足够关注的孩子往往会变得顽劣，因为他们宁愿受到负面关注，也不愿完全不受关注。同样，当一个辍学的少年或一个习惯性失业的成年人因为一无所长而被人忽视时，他们的挫折感可能会导致他们陷入一种叛逆状态。他们可能会加入某些和他们一样被社会边缘化之人的团体，试图在那里获得正面关注，或者“惩罚”那些他们认为忽视了自己的人，甚至可能通过犯罪，来引起人们的注意。这一切都意味着他们没有找到在文明社会中获得正面关注的方法，导致他们转向一个可以让他们受到文明社会负面关注的群体。不过，在那里他们可以引起他们所在群体的正面关注，而不是完全得不到关注。几乎所有医生都发现了这样一种现象，即**有些人颇为“享受”自己不佳的健康状况，因为这是他们获得他人同情的一种方式。**

简言之，在不同的社会、文化、政治、经济、职业和专业环境中，对不同的人来说，正面关注具有无限丰富的含义——随着人们从一个环境转移到另一个环境，随着生活的逐渐展开，其形态处于不断变化之中。

第 2 部分

沟通策略

第 3 章

如何打开封闭的内心

既然欲望是人类生活中最强大的驱动力，既然人们心中最广泛、最深刻、最强大、最持久的欲望是对正面关注的渴望，那么，要想打开任何人的内心，最好的办法就是：

- 给予他们正面关注，满足他们的个人需求。
- 倾听他们，试着找出他们当时的诉求是什么。

用你的言行让他们知道你很高兴有机会同他们交流。在这个阶段，不要试图向他们兜售你的任何想法。我们往往会主观地认为自己知道对方应该怎样做。想想我们所认识的人，我们是不是更倾向于对那些面带微笑并认真倾听我们的人敞开内心？对于那些不认同我们的观点，并打断我们发言的人，我们不也同样在内心将他们拒之门外吗？

生活中，我们大多数人常常觉得别人不理解自己。事实上，也的确如此。原因很简单，很少有人愿意花费时间或耐心去理解另一个人。虽然我们认同这一点，但我们该如何对待那些内心对我们封闭的人，即那些一门心思做他们不应该做的事情，或者没有做他们应该做的事情，所以不值得我们给予正面关注的人？当你微笑，倾听，把他们当作讨人喜欢的人来对待时，你会得到什么？你的想法是对的。面对这样内心封闭的人，如果你止步于此，你将一无所获。**给予一个人正面关注，倾听他想说什么和想要什么，意味着我们首先要帮助他证明他是对的。**

当我从一所工科大学毕业并进入教育研究领域时，我原以为要打开那些反对我的人的内心，我要做的就是确定我是对的，然后不断用事实打击对方，直到他们理解我的观点，转而接受我的观点。但后来我发现这种办法根本行不通，甚至在我的社交生活中，我发现自己有一种激怒他人的天赋。在我职业生涯的至暗时刻，卡内基梅隆大学的乔治·福洛斯（George H. Follows）教授的点拨令我恍然大悟。他向我指出了一条普遍的真理，**即无论你有多么正确，无论你有多么充分的事实可以证明这一点，与任何人达成共识都有助于打开他们的内心，反之往往会封闭他们的内心。**

对此最简单的可能的解释是，**人类内心最深层次的需求之一就是证明自己是对的。**任何帮助我们证明自己正确的人，不仅可以打开我们的内心，也可以点亮我们的心灵。每个人都希望自己是“对的”。无论我们做了什么，如果我们不觉得自己是对的，我们晚上都难以入眠。在确定自己是对的之前，我们的潜意识会一直敲打我们，我们无法得到任何休息。这就是心理学家所谓的**“合理化”**。即使犯了罪的人，在确信自己的行为是对的之前，也会寝食难安。

所以，显然当我们帮助他人证明他们是对的时，我们其实是在满足他们最大的欲望，也是在满足他们最大的心理需求。如此一来，他们自然就会对我们敞开内心。想一想我们认识的人，我们是不是对那些认同我们的意见，并帮助我们证明自己正确的人，敞开内心且乐于为其效劳？同样，我们是不是对那些反对我们，并帮助我们证明自己错误的人封闭内心？

这个简单的道理是如此朴素且坚实，甚至解决人类所有冲突都有可能以此为切入点。因为如果每个人都能被告知打开他人内心的秘密，那么人们最终可以在全方位信息的基础上一起来思考，并为所有相关方的利益达成共识。然而，后来我发现了人性中一个最可恶的怪癖，即我们所有人似乎都下意识地倾向于帮助他人证明他们是错的。因为每次别人犯错，都会让我们觉得自己很聪明。虽然我们可能完全没有意识到这一点，但我们不断地将自己同他人做比较。在这些比较中，我们倾向于抬高自己，贬低他人。通过贬低他人的外表、他人的财产，抑或是他人的成就，来为我们自己的失败或不足开脱。只要听一听人们私下里常说的一些话，并审视一下你自己的一些想法，你就会明白我的意思。比如：

“至少我没她那么胖。”

“他的成绩确实比我好！但他是个书呆子。他除了学习，还能干什么？没人喜欢他。”

“她的每个孩子都被她宠坏了，没礼貌，没规矩，简直一无是处，迟早会遭受社会的‘毒打’！”

“把钱给他吧，有些人总想占尽所有好处。”

“他靠钻营拿到了那个职位。但我不明白到底是什么帮了他。他太蠢了。”

“他获得加薪一点儿也不奇怪，因为他很会拍老板的马屁。”

“好吧，她追到了他。为了追他，她可真是煞费苦心。”

很多人似乎永远无法摆脱这种幼稚的心态。他们不停地对他人的错误幸灾乐祸，对他人的成就嗤之以鼻，并把他人的失败和不幸作为自己自尊的基础。帮助他人证明他们错了，并以这种方式来获得优越感，是何等的浅薄和徒劳。每一个有理智的人都明白，**我们的自尊不可能建立在别人不是什么之上，而是必须建立在我们是什么之上。**

在我们不再帮助他人证明他们是错的，而开始帮助他人证明他们是对的之前，我们必须克服我们的丛林传统，学会以一种更文明的态度来对待他人。我们必须期待别人不会犯错误，不会出丑。我们必须期待别人是对的，并且会成功。虽然这是可以做到的，但这并不像看上去那么容易，而是需要练习。在我们试图通过帮助一个人证明他是对的来打开其内心时，仅仅敷衍地表示认可是不够的。

例如，在哈德逊河畔公园的长椅上，一位渴望结婚的姑娘和她的一位热烈的追求者坐在一起。

“你爱我吗？”她问。他回答：“是的。”

“你能接受我所有的缺点吗？”她接着问。他回答：“是的。”

“你会和我结婚吗？”“是的。”

毫无疑问，“是的”这两个字是你能对任何人说的最美妙的话语之一。不过，更聪明的人想要的可不是甜蜜但敷衍的回答。这些人在向你敞开内心之前想要的可不仅仅是认同。**他们知道，在你完全理解他们的观点之前，你不可能真诚地认同或不认同他们的观点。他们希望你先理解他们，然后再认同他们。**大多数人觉得自己被误解了。确实如此。还是那句话，很少有人肯花时间去理解另一个人。很少有人真正设身处地为另一个人着想。因此，我们打开一个人内心的能力完全取决于我们对待这个人的态度——我们是否愿意理解他，并帮助他证明他是对的。打开一个人对你封闭的内心，是让他相信你说的话，并按照你的意愿去做的第一步（见图3–1）。

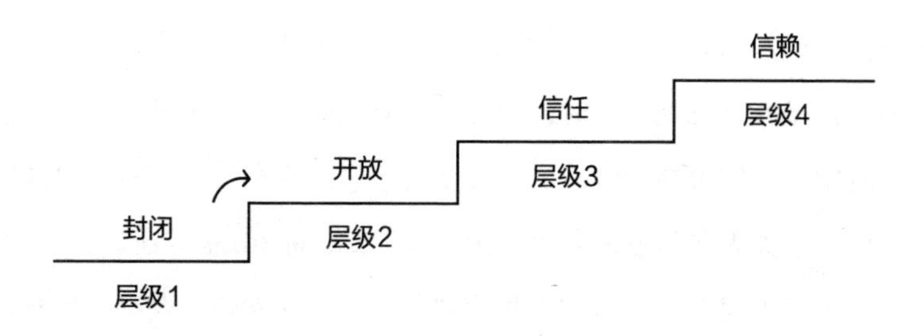

图3–1　人际沟通的第一步

你可能会说，“当我明知道别人是错的，而我是对的，你不会让我帮助他证明他是对的吧！”假设家长专门帮助自己的孩子做所有他们渴望的疯狂之事，这个家将糟糕到何种地步？假设一个公司高管在与工会谈判时，一味向工会妥协，你认为这家公司还能活多久？假设销售人员一心帮助那些不想购买的潜在客户证明他们是对的，你觉得他能拿下多少笔订单？假设我向老板申请加薪，而他拒绝了我，我凭什么要帮他证明他是对的？当有人骗我时，我究竟如何做到证明他是对的？

你认为这种仅仅帮助他人证明他们正确的态度不会给你带来任何好处，确实如此。

因为，这仅仅是第一步。

记住，在这一章中，我们探讨的是如何与那些内心对我们封闭的人打交道，我们的首要任务是让他们对我们敞开内心。当说服失败时，可以考虑使用强制手段，我们将在后面的章节讨论。当我们开始给予一个人正面关注，并帮助他证明他是对的时，我们就做到了向对方敞开自己的内心。尽量换位思考，真正理解他为什么会这样想。当我们这样做并且态度真诚时，对方才更有可能对我们敞开内心。在这个过程中，我们可能会收获一些改变自己想法的东西，而对方可能同样如此。正如著名编剧威尔逊·米兹纳（Wilson Mizner）所说，“一个好的倾听者不仅在任何地方都受欢迎，而且往往能轻松获得一些有价值的信息。”毕竟，**只要两个人敞开内心，并换位思考，双方就在朝着达成共识的方向前进，而两个内心对彼此封闭的人则会无休止地争执下去。**

我们可以将双方的对与错分成3种情况：

- 你是对的，别人是错的。

- 你不完全对，别人也不完全对。
- 你是错的，别人是对的。

你可能想当然地认为，当你明知道别人错了的时候，帮助对方证明他是对的毫无意义，而当你明知道别人是对的，而你自己是错的时，你一定非常愿意帮助对方证明他是对的。

让我们来看看，是否果真如此。

当你是对的时该怎么做

说服挑食的孩子

某天，妻子晚餐做了蔬菜汤，家里的每个人都赞不绝口："真香！""这是我喝过的最好喝的汤！""棒极了！"……所有人，除了我7岁的儿子。

他坐在那里，一口都不喝。

"你怎么了？"我问他。"我不喜欢蔬菜汤。"他头也不抬地回答。

当时，我坚信自己是对的，这个孩子就该像家里其他孩子一样，乖乖地吃摆在他面前的食物——尤其是健康的食物，比如蔬菜汤。于是我就这样告诉他。

"你都没尝过这道蔬菜汤，怎么能说你不喜欢呢？"我反驳道。

"我不喜欢蔬菜汤。"他还是这样说。

"为什么不喜欢……家里每个人都喜欢蔬菜汤，"我激动地驳斥，"这是最健康、最有营养的食物。汤里面富含好多维生素，有助于你长身体，让你更强壮。"

“我不喜欢蔬菜汤。”他依然坚持自己的看法。

“你得把汤喝了，”我命令道，“要么把汤端到游戏室去喝，喝完再回来。”

于是，他端着汤走向游戏室。

很快我们都喝完了汤，主菜上来了，他还在游戏室。我站起身，穿过客厅，来到游戏室，看到他就坐在那里。

汤仍然一口没喝。

他的内心和他的嘴对蔬菜汤是封闭的。我还没开口，他就说：“爸爸，您不能强迫别人喜欢蔬菜汤。”

尽管我仍然觉得我是对的，他是错的，但很明显，到目前为止，我想让他喝汤这件事，没有取得任何进展。原因很简单，我当时是在帮助他证明他是错的，而如此一来，只会使他的内心对我越来越封闭。当我意识到这一点时，我立即决定通过帮助他证明他是对的来打开他的内心。

“你说得对，孩子，”我承认，“我确实犯了一个错误。这次你可以不喝。来吧，把晚餐吃完。我们换个时间再谈蔬菜汤的事，好吗？”

“好的，爸爸。”

临睡前，当我和他互道晚安时，他把他的小手放在我的胳膊上，安慰我说：“爸爸……您不必太在意您在晚餐时犯的那个错误。”

接下来是一段两个男人之间的对话，他似乎完全能接受我对蔬菜汤有益于健康的说法。

“我只是用错了方法，”我总结道，“但一定有什么方法能让你喜欢上蔬菜汤。我希望你能帮我找到这个方法。”

然后，他提出了一个解决办法。“您想知道怎样才能让我喜欢上蔬菜汤吗？”他热切地问。

“该怎么做？”我屏住呼吸说。

“只要好几天不喝蔬菜汤，”他建议道，“我就会喜欢上蔬菜汤。我就是这样喜欢上菠菜的。”

他的话让我想起自己曾经对西米露也有过同样的感觉。

“还有一点，爸爸，”他继续说，“您很幸运！您结婚了！”

“这跟我们在谈的事有什么关系？”我不解地问。

“为什么——您永远不必吃您不喜欢吃的东西！您只需告诉妈妈您晚餐想吃什么，您就会吃到。我该怎么办呢——等我结了婚才能吃到我喜欢吃的东西？”

“不，孩子。不必等到你结婚，”我告诉他，“明天晚上你想吃什么？”

此刻，他来了兴致，他的内心已对我敞开，于是沟通变得豁然开朗。

他想吃煎鸡蛋、四季豆、土豆泥和水果沙拉。

“好的……我们明天晚餐就吃这些。想想看，家里的每个人都可以说出自己想吃什么，这将帮妈妈解决一大难题，因为她总是为不知道晚餐做什么而发愁。但是，如果我们明天晚上吃你喜欢吃的东西，你会在星期二晚上吃妈妈喜欢吃的东西，星期三晚上吃安妮喜欢吃的东西，星期四晚上吃玛丽喜欢吃的东西，星期五晚上吃我喜欢吃的东西吗？”

他表示完全同意。

显然，在我们培养必要的耐心，来帮助别人证明他是对的之前，需要进行大量的练习——尤其是当我们一开始就明知自己是对的，而对方是错的时候。但通过帮助孩子证明他是对的（尽管我觉得他是错的），我打开了他对我封闭的内心。不仅如此，一旦他向我敞开内心，他就愿意帮助我证明我是对的，并提供了一个解决方案，帮助我解决了整个问题。现在，蔬菜汤端上来他就会喝，而且还很喜欢。我本来的确可以强迫他喝汤，但那样的话他会很抵触，更重要的是，会使我们的父子关系出现裂痕。

在我们与成年人的大部分日常交往中，我们不能强迫他们做我们想让他们做的事——即便我们是对的，而他们是错的。我们必须说服他们。即使在有必要使用强制手段的特殊情况下，并在条件允许且能安全地使用强制手段的情况下，我们也只能在说服失败后作为最后手段使用。因此，在我们能够明智、有效，以及安全地使用强制手段之前，我们必须首先掌握说服的原则。**你不可能说服一个内心对你封闭的人，因此必须先打开对方的内心。**

应对任性的歌者

一名剧团导演告诉我，他通过帮助两名年轻的歌者证明她们是对的，挽救了他的招牌演出，尽管他明知道她们是错的。这两名歌者以自弹自唱著称。在即将到来的一场演出中，她们要在乐队的伴奏下，承担整场演出的压轴部分。带妆彩排时，她们二人在表演进行一半的时候突然停下来，并抱怨说，她们已经习惯了用自己的钢琴伴奏，她们觉得让乐队伴奏，无法发挥出她们应有的水平。导演表示，他担心在表演中途把钢琴推到舞台上，会破坏整场演出的效果。然而，她们坚持己见。除非用自己的钢琴伴奏，否则她们拒绝继续表演。尽管导演明知她们的要求不合理，但还是按照她们的意愿安排，让4名男演员临时离开他们在舞台上的指定位置，走到舞台侧翼后面，把钢琴推上来，在她们二人的表演结束时再把钢琴推下去。彩排果然无法正常进行。因为每个人都看到，当移动钢琴的时候，表演不得不中止。然而，导演并没有发出抱怨或指责。彩排结束后，两位年轻的姑娘对导演表示，她们觉得他是对的。为了演出能正常进行，她们愿意在乐队的伴奏下表演。最后，她们出色的表演成了整场演出的最大亮点。

张力消失了

我认识的一名最成功的杂志广告位销售告诉我，他多年来一直在拜访一位潜在客户，并且确信对方应该购买他的广告位，但对方始终没买。这位潜在客户表示，他对自己正在用的杂志广告位非常满意。这些广告位他已经用了很多年，他认为没有必要冒风险购买新的广告位。这名销售使尽浑身解数，试图用事实和数据来证明自己是对的，而对方是错的。有一天，销售决定改变策略。“虽然，我确信，”他告诉对方，“您应该用我们的杂志广告位，但显然您是对的，而我是错的。您看，现在我处境很难，老板希望我把广告位卖给您。我甚至愿意自掏腰包做个测试广告，只是为了看一看这样做是否值得。如果您确信自己现在用的那些杂志广告位的效果非常好的话，那么也许我把我们的广告位卖给您就是个错误。”**一旦销售不再试图证明客户是错的，他和客户之间的张力就消失了。**“好吧，”那位潜在客户表示，“我想我们谁也没有十足的把握，除非我们测试一下。我愿意在你们的广告位上投放一条测试广告。”后来，测试效果很好，于是这位潜在客户成了他的固定客户。

然而，即使销售成功地让潜在客户同意试用他的产品，他也不一定总能拿到订单。因为当试用结果不理想时，潜在客户的内心又会对他封闭起来——比以往任何时候都要更加封闭。销售不得不想办法重新打开对方封闭的内心。

摆事实、讲数据的时机

一名工业润滑脂销售说服一家大型纺织品制造商在他们的纺纱厂试用一种高品质的润滑脂。当这名销售打电话询问对方试用效果的时候，采购员告诉他，这些润滑脂太硬了，无法用他们的注脂枪注入。该销售立即拿出事实和数据，来证明采购一定搞错了。但争论最终以采购的一句“抱歉，你们的润滑脂对我们来说不合适”结束。这名销售十分困惑，思考了一整晚。第二天早上，他决定改变策略。“我也很抱歉，我们的产品没有通过贵厂的测试，”他对采购员说，“为了便于我们日后做出改进，我希望您允许我检查一下注脂枪，找出润滑脂不能用的原因。”此时，采购员的内心对他敞开了，带着销售找到反馈润滑脂太硬的工人。经过一番调查，最终发现从库房领润滑脂的工人拿错了。

使用事实和数据，要注意时机是否合适。向一个内心对你封闭的人有理有据地证明徒劳无益。你要先打开他的内心，而让他人对你敞开内心的最好方法就是帮助对方证明他是对的。

与上司相处的关键

一家大型商业机构的基层管理者告诉我："每当我做出点儿成绩，上司就想独占所有的功劳。这个人自私自利，总想在总经理面前抬高自己。我真受够了，一有机会我就辞职，并在临走时让他知道我对他的不满。"

我对他说："你说的这种情况，其实在世界上每个组织中都存在。我想，你一定明白，我们无法通过逃避和找一份新工作来解决这个问题。让我们假设你是对的，而你的上司是错的、自私的。然而，**无论一个人在机构中处于什么位置，在人际关系方面，最重要的就是获得顶头上司的支持，而获得这种支持唯一可靠的方法就是，帮助对方达成他的目标。**让我们承认他的一些目标是自私的。我们从一开始就该明白，你的上司非常注意保护他的职位不受你或你所在部门任何其他成员的影响。你越聪明，他就越有必要保护他的职位不受你的影响。如果你是部门主管，直接向公司总经理汇报工作，那么无论总经理是否意识到这一点，他都会注意保护自己的职位不受你的影响。如果你是总经理，那么总裁就会格外注意保护自己的职位不受你的影响。

“现实就是这样。无论我们爬得有多高，我们都不能指望回避这个问题。然而，**在所有人际关系中最重要的是，帮助对方证明他是对的，并帮助他达成自己的目标。如此一来，你才更有可能得到对方的支持，而不是公开与他竞争，并威胁其目标的达成。**通常情况下，在任何机构中，越级晋升是非常罕见的。一般只有当我们的顶头上司得到晋升时，我们才有可能填补他留下的职位空缺。所以，如果没有顶头上司的积极支持，一个人很难得到晋升。即使你想通过跳槽来回避这个问题，但如果没有顶头上司的推荐，你也做不到。

“这不是玩弄公司政治的问题，‘帮助他人证明他们是对的’，帮助他人实现他们的目标，无论他们有多么自私，你都可以通过这种方式，获得良好的人际关系，因为这表明了一种为对方服务的无私愿望，我从来没有遇到过对这种做法不积极回应的人。”

不到6个月，这个年轻人告诉我，他已经获得了加薪。

一位高管也遇到了同样的“上司问题”，同样采用了“帮助上司证明他是对的”这种方法。后来，他告诉我，说：“情况已经大为缓和。‘帮助对方证明他是对的’是一剂良药！”

一个行业协会的常务理事告诉我：“我们从会员那里收到了各种不合理的要求。如果我们全部批准，我们就办不下去了。不过，每当我收到对我们提要求的信时，我总是试图在信中找到我们可以做到的事情。然后我就这样回复：‘是的，您是对的。’每当我以这句话作为信的开头时，我就知道我会打开对方的内心，让他们明白为什么我们不能按照他们的要求去做。”

假设你点了火腿和鸡蛋，服务员为你端来了牛奶。如果你说：“对不起，我想我没有说清楚。”服务员会立即承认他错了，认为你是一个非常好的人，然后赶紧为你端上火腿和鸡蛋。反之，如果你说的是你完全有理由说的话，比如：“你在搞什么？听不懂我说的话吗？”服务员会想：“去你的！”你可能会发现，自己要等很长时间才能吃到那份火腿和鸡蛋。

任何优秀的销售人员都会告诉你，即使他明知自己百分之百正确，而潜在客户百分之百错误，这也不足以确保他们会下单。“赢得一场争论，而失去一笔生意”的情况比比皆是，因此任何老练的销售人员都认同，“与潜在客户一起思考”，并“帮助对方证明他们是对的”，是获得更多订单和更多利润的第一步。正如钢铁大亨、人际关系大师查尔斯·施瓦布（Charles M. Schwab）所说：“我们许多人认为推销员就是那些带着样品到处跑的人。其实，**我们每天都在自己的生活中扮演着推销员的角色。我们在向他人兜售我们的想法、计划、精力和热情。”**

因此，即使我们知道自己是对的，而别人完全错了，我们得到我们想要的东西的最好机会就是，通过帮助对方证明他们是对的来打开他们的内心。不过，我们应该对自己诚实一点。有时候，我们只是部分正确。

当你不完全对时该怎么做

要想让别人承认自己错了，最好的办法就是先承认你自己错了。

本杰明·富兰克林曾提出以下建议：

说服别人的方法是平和而准确地对情况做出陈述。然后挠挠头，或者摇摇头，表示情况对你来说似乎就是这样，当然，你可能错了；这会让对方听你说的话，同时，因为你还在不确定，他们很可能会反过来，试图说服你。但如果你以一种强势傲慢的语气去攻击他们，你只会让他们成为你的敌人。

我认识一名很有能力的年轻营销经理，他为了加薪和老板斗争了好几年，结果一无所获。原因很简单，他觉得自己受到了不公平的对待，总想证明他的老板是个吝啬鬼。虽然他要求加薪是对的，但他的老板觉得他得到了他应得的报酬也是对的。我看到这个年轻人在改变了对老板的态度后获得了大幅加薪。从他开始“帮助老板证明他是对的”那一刻起，他发现自己在努力弄清楚为什么老板会那样想。实际上，他对老板说：“您表示我不应该获得加薪，这对我来说至关重要，因为我知道，您说的每句话都有很充分的理由。因此，如果您能时常告诉我，我该怎样做才能使自己对您更有价值，以便在您看来确实值得为我加薪，我将不胜感激。”通过这种简单的心态转变，这位年轻的营销经理不仅赢得了老板的支持和帮助，使自己变得更有价值，而且他还让老板对他给出的加薪理由敞开内心，明白了为什么应该给他加薪。**每当我们受到别人“不公平的对待”时，为了找出真正的原**

因，我们所要做的就是审视自我。

“我离开会议室5分钟后，”一家大公司的广告经理对我说，“我才意识到我当时应该说些什么。我认真准备好了整个推广方案，我知道这个方案是可行的。但我太急于让方案获得通过了，所以当销售经理对方案提出修改意见时，我立即表示反对。现在我知道他是对的。更重要的是，我本可以接受他的意见。他的修改意见会对我的方案有所帮助。如果我在会议上告诉他这一点，他就会在接下来的执行过程中继续提供支持。“

一个有两个孩子的年轻已婚男子差点儿丢了工作，因为他在公司大发脾气，骂老板“不公平”！“我知道……我不该说那些话，”他告诉我，“但当老板想把所有责任都推到我身上时，我很生气，并试图否认我存在过错。我应该做的是承认我有部分责任。如此一来，就不会有任何争执了。我的问题是我无法隐藏自己的真实感受。”“当你感到胃痛时，你该做的不是隐藏疼痛，而是摆脱疼痛，对不对？”我问。他表示同意。“当你对别人产生敌对情绪时，也是同样的道理，”我告诉他，“不要试图去隐藏，而是要试着摆脱。摆脱精神痛苦和对老板或其他人抱有正确的态度唯一可靠方法就是，养成帮助对方证明他是对的这种心理习惯。”

我和很多人交谈过，他们似乎在事业上一事无成，因为他们比他们的老板聪明得多。著名喜剧演员乔治·杰塞尔（George Jessel）在向戏剧作家莫斯·哈特（Moss Hart）讲述某电影巨头的低效率时，很好地说明了这一点。“我告诉他如何经营他的电影公司。”杰塞尔说。

“然后发生了什么？”哈特问。“哦，没什么。”乔治说，“我们友好地互相道别。他上了游艇，我坐地铁回家。”

一个年轻人告诉我他的老板有多蠢，我对他说：“你的老板一定很精明。毕竟，他是你的老板。他赚的钱比你多。如果你能帮助他证明他是对的，你可能会从他身上找到一些值得你钦佩的地方。如果你钦佩他，你就会得到他的关注。你需要一点儿练习……仅此而已。为了你自己的进步……试试看。”

在我们的人际关系中，我们经常忘记自己真正的目的，而屈服于打击那些以优越感刺激我们的人的一时诱惑。**不要盲目地以证明他人是错的，而我们是对的，来使自己获得一种廉价而短暂的“快感”。**下次，当你在办公室工作了一天，在家陪孩子们待了一天，打了一下午的牌，抑或是和朋友一家聚餐之后，发现自己非常生气时，停下来，仔细想一想到底发生了什么。你可能会发现，你只是在经历一种精神上的宿醉，这种宿醉总是伴随着帮助某个人证明他错了的情绪狂欢。摆脱这种宿醉的一个可靠方法就是，改变你对那个人的态度，并帮助他证明他是对的。

我坐在一个初级助理的办公室里，听到他怒斥一个把包裹送错地方的勤杂工。显然，这个助理从来没有想过可能是因为自己没有交代清楚。坐在这个小助理的上司的办公室里，我听到这个总监在为部门经理所犯的一个错误而自承过失。“也许是我交代得不够清楚。”他告诉对方。

我们都知道，越是小人物越喜欢刁难他人。他们喜欢给他人制造麻烦的根本原因，在于他们总是试图证明自己百分之百正确，并尽一切可能帮助他人证明他们百分之百错误。这些小人物几乎没有机会享受生活。你可以根据一个人在日常生活中对别人说的话，判断出他是生活的成功者还是失败者。**那些失败者会告诉你每个人都有什么毛病，而那些成功者会告诉你每个人都有哪些优点。**留心观察一下，你就会发现，在任何商务场合或社交场合，最受欢迎和最成功的人，无论男女，都是那些愿意承认自己的缺点，并努力发现他人优点的人。

我认识的一位成功的企业家告诉他的每一个员工："我不想听到任何对在这里工作的人的批评，并且任何时候我都乐于听到你们对其他同事的称赞。"这样做可以训练他的员工从同事身上寻找优点，而不是缺点。当他们这样做时，自然每个人都相处得更融洽，把更多的时间用在富有成效的工作上，更少的时间花在毫无意义的争执和说闲话上。

当你发现自己完全错了时该怎么做

有时候，你会发现自己完全错了。这时，你一般会怎么做？信不信由你，我们错得越厉害，就越不愿承认。我们可能会认为，当我们百分之百错误，而对方百分之百正确的时候，我们应该愿意帮助他证明他是对的才合理。可是，我们不会这样做。

我19岁的时候，在一家钢铁厂找到了一份考勤记录员的工作。我的工作是每天早上和下午核查每一个工人的出勤情况。在最初的几个星期里，我对这份工作很感兴趣，爬上高炉，穿过隧道，搜索工厂的各个角落，直到找到了名单中的最后一个工人。但过了一段时间以后，我开始变得有点儿粗心。有时工人在巨大的高炉上面工作，我看不见他们，我没有自己去核实，于是养成了一个习惯，叫我能看见的工人，问他还有谁在上面。一天下午晚些时候，老板把我叫进办公室。

“我看到你今天登记了马丁在岗。”他说，手里拿着一份我早上做的报告。

“是的，先生。他今天早上来过。”我立即回答。

“胡扯。你没去核实，而是听信了别人的话。他今天根本没来。”

“您想让我怎么做，”我反驳道，“冒着生命危险爬上高炉去核实一个工人是否在岗吗？”

“原来你是这么想的？当你犯错的时候，你要站在这里为自己开脱。你要告诉我，当一个工人不在岗的时候，登记他在岗也没有问题。你不知道你工作的基本原则。如果你害怕爬上高炉，我们可以找一个愿意这样做的人。你被解雇了。”

那天晚上，我吃不下，睡不着，想了很多。我恼怒吗？在最初的几个小时里，我想不出一个合适的词来形容这个大猩猩般的老板。他这么想爬上高炉，爬过气味刺鼻的隧道，他就是个大火腿。谁愿意为像他这样的恶霸工作？但他向我指出的两点始终盘桓在我的脑海中——“当你犯了错时，你会站在这里为自己开脱”，以及“你不知道你工作的基本原则”。这两句话一直敲打着我，直到我最终不得不承认我错了。在凌晨3点，我终于睡着了。

第二天早上，我去见老板。“您解雇我当然是对的，”我对他说，“确实完全是我的错。不过，更糟糕的是，我太执拗了，没有认清并承认自己的错误。我在昨晚两个小时所学到的，比我工作两个月学到的还要多。我第一次意识到考勤记录员应该做什么。我想谢谢您骂醒了我。我今天要去找一份新工作。多亏了您，我再也不会在自己明明犯了错时为自己开脱。我绝不会因为同样的原因再次被解雇。”

令我吃惊的是，老板说：“如果你确实是这样想的，那就换上工作服接着上班吧！”

在这件事的早期阶段，也就是在我刚被解雇之后，我很容易对老板产生怨恨，并在我的余生中带着这种怨恨。我最初的想法就是这样。因为当我们完全错了的时候，也是我们最有可能心生怨恨的时候。

与承认自己是个笨蛋相比，怨恨他人显然要容易得多。毕竟，怨恨他人可以很好地转移我们的注意力。即使我们受到了不公平的对待，即使我们是对的，别人是错的，最好的应对办法就是大发雷霆，然后忘掉。但是当我们是对的，而别人是错的时候，我们就不会像我们是错的，而别人是对的那样生气了。因为当我们错了，我们会害怕。**恐惧是痛苦之母。当我们承认自己错了，并试图弥补的时候，我**

们的恐惧就会消失。但是，当我们固执地拒绝承认自己的错误时，我们潜意识里的恐惧就会不断增长，并产生痛苦，很快就会变成一种无法摆脱的困扰。每当我们成为痛苦或怨恨的受害者，并允许自己心怀怨恨时，就会让我们陷入极为糟糕的状况。

第一，怨恨为我们提供了一个逃避现实的完美工具。它麻痹和冻结了我们的思维，使我们无法清晰思考；它蒙蔽了我们的双眼，使我们看不到自己所犯的错误；它剥夺了我们的意识，使我们不知道应该以何种方式来提高自己。

第二，我们的怨恨会让我们的身体垮掉。它让我们紧张，引起生理不适，同时我们的脸上会呈现出一种酸溜溜的表情。

第三，怨恨的“病菌”具有强大的繁殖能力，任由怨恨生长的人很快就会发现自己有一种迫害妄想症。他们觉得自己不能相信任何人，觉得这个世界把所有不公和肮脏都施加到他们身上。在极端情况下，这种迫害妄想会导致一个人精神错乱。任何一个内心充斥着怨恨的人都不会认为自己心理健康。当然，如果我们对一个人怀有怨恨，我们就不可能打开他的内心。

我认识一名著名管弦乐队的经理，他被迫接受一名工会主席的“问话”。

他在与工会主席一个小时的会谈中解决了所有棘手的问题，主要是因为他在会谈开始时说：“我想解释我们在与工会打交道时犯的一些错误，以及我们是如何犯这些错误的。”

“我错了。”

“我犯了一些错误。”

说出这些话很难。但这确实打开了对方封闭的内心。

我们都倾向于披上斗篷，表现得像超人一样。直到我被钢铁厂老板解雇之前，我一直认为世界上最重要的事情就是证明自己是对的，并且获得他人钦佩、尊重和喜爱的最好方法就是，让他们知道我是对的，然后纠正他们。我希望证明自己是对的，同时我希望别人认为我是对的，所以当我犯了错时，我自然会想，最好的办法就是尽快把错误掩盖起来，这样别人就不会发现我错了。显然，我从来没有意识到，其他人也都希望自己是对的，而我对证明自己正确的渴望只是人类所有欲望中的一小部分。我从来没有得到过我以为的通过表现得像个完美的人就能得到的钦佩、尊重和喜爱，我从来没有完全明白个中原因，直到我在钢铁厂和老板发生冲突后才偶然领悟了这一点。那次经历让我懂得了一条真理：**一个人只有勇于承认自己犯了错，才能真正塑造自己的品格，并在前所未有的程度上享受与他人的合作。**从那以后，我多次运用这一基本准则。

毕竟，没有人能成功做到尽善尽美，或者说，乐于做到尽善尽美。我们都希望以自己真实的样子——善良但并不完美，来得到爱和尊重。我们都愿意放弃那种试图表现自己绝对正确的虚假和徒劳的态度。我们愿意承认自己错了——只要别人也这样做。问题是，我们都希望对方先承认自己错了。只要你愿意主动走出这一步，并且不再试图表现得好像你总是对的，那么别人通常也会承认他们自身的不足。

道理就是这么简单。

因此，在我们与他人的所有交往中，**无论我们百分之百正确，部分正确，还是百分之百错误，打开他人内心的一个可靠方法就是从帮助对方证明他是对的开始。**要想知道自己是否喜欢某样东西，最好的方法之一就是亲自尝试。所以，在你对“帮助别人证明他们是对的”这种观念做出最终判断之前，不妨先自己试一试，看一看是什么感觉。

“我认同，”你说，“当别人确实正确的时候，帮助他证明他是对的这一点。但是当我明知道他错了的时候，我不能接受当他是对的来看待他。如果有什么是我讨厌的，那就是逢迎。”我百分之百赞同你持这一立场。我并不是说你应该做任何形式的虚伪逢迎。大部分人都不愿意做任何形式的逢迎。我们天生就不喜欢给别人一个他不应得到的吹捧。当然，不恰当的称赞是要避免的，因为这并不能表达你的真实感受。另外，这种称赞是危险的，因为对方迟早会发现，这种不真诚的称赞会像回旋镖一样让我们自食恶果。

在你真诚地称赞任何人之前，你必须首先让自己进入正确的心态。当你开始真诚地希望看到对方观点的正确之处时，你就会自然而然地向对方敞开内心，接受他身上你可以真诚认可的优点。肤浅或不真诚的认可是远远不够的，原因很简单，人们希望你完全理解他们，并有充分、合理的理由来称赞他们。如果你没有花必要的时间去探究他们的观点，这是不可能做到的。无论你认为自己多么正确，很有可能对方并不是一个十足的傻瓜，他可能会说一些证明自己的话来影响你的最终判断。

然而，很有可能，你为了解决自己的问题，在心里试图帮助别人证明他们是对的。你会发现至少有一种情况——也许更多，无论你怎样说服，都毫无进展。我同意，有时我们确实会遇到一些人或群体，即使我们想方设法帮助他们证明他们是对的，他们依然无动于衷。但正如我们已经指出的那样，使用强制手段总是有风险的，在说服还未到绝望时刻之前，绝不要考虑使用强制手段。**深刻了解说服背后的心理学是安全而明智地使用强制手段的必要前提。**因此，让我们把对强制手段的讨论推延到第6章。我们继续探讨人际沟通的第二个层级。一旦你打开了一个人的内心，通过帮助对方证明他是对的，你能确定的就是对方愿意听我们说。从那时起，你的言行决定了你将获得对方的信任，还是让他的内心再次对你封闭起来。

第 4 章

如何获得信任

一旦我们打开了一个人的内心，获得对方信任最好的方法就是拿出证据来证明你值得信任。这是说服他人相信你所说的话，按你的意愿去做的第二步（见图4-1）。想要获得他人的信任并没有什么秘诀，完全取决于我们在日常生活中大大小小事情上的想法和做法。

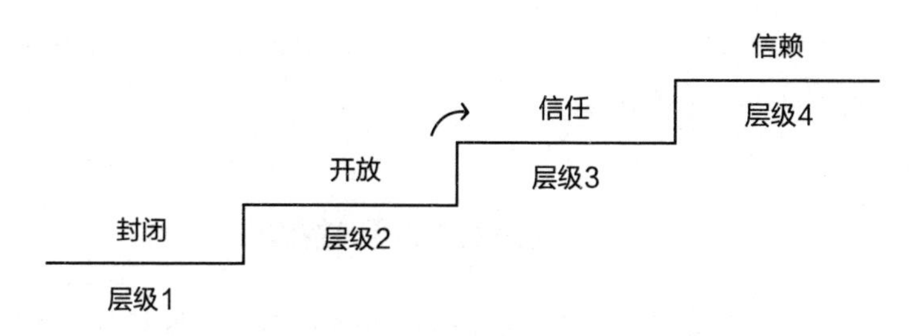

图4-1　人际沟通的第二步

每天，在普通人际关系和重要人际关系中，我们不断地在获得或失去那些已向我们敞开内心的人的信任。

他们对我们的评价是上升还是下降，取决于我们怎么想、怎么说，以及怎么做。我想到了或大或小的各种案例，比如一名高管为了和客户谈业务而闲聊，一名求职者为了打动潜在的雇主而言辞审慎，一个小男孩向正在忙碌的父亲随口提出的问题，一个年轻人为了出人头地而陷入过度焦虑，父母匆匆离婚后不明就里的孩子，带我去参加约会的海员，没有信守承诺的母亲等。

每当你向一个内心对你敞开的人提供对他有利的证据时，你就会获得对方的信任，因为当你向对方展示你在为他的利益和你自己的利益而思考和行动时，这会给对方留下良好的印象。**如果在了解到对方的利益之后——在帮助他证明他是对的过程中——你真诚地相信让他做你想让他做的事对他有利，这种信念将比我所知道的任何其他方法都更能获得对方的信任。**

但在拿出你的证据时，一定要告诉对方，如果他按照你的建议去做，他会从中得到什么。

为对方的利益着想

一名年轻的求职者在参加了一次面试后没有得到潜在雇主的明确答复，他问我怎样才能让这位雇主相信他是这份工作的合适人选。

“这位雇主对你敞开内心了吗？”我问他。

“是的，我敢肯定。”他说，“问题是，这位雇主同时也在考虑其他几名求职者，我不知道怎样才能使他对我的信任到了选择我的程度。我想得到这份工作，非常想。”

“暂时忘掉你想要什么，”我告诉他，“开始思考雇主想要什么。去找这位雇主，让他告诉你他在找什么样的员工。然后，你必须对他和你自己完全诚实，试着确定你的资质是否符合他的要求。不要把自己说成是‘完美答案’。世上本就不存在完美答案。就他想要的员工而言，告诉他你的优点和缺点分别是什么。告诉他你不会向他兜售你没有的才能。然后问他是否有其他求职者比你更胜任这份工作。如果有，告诉他雇用那个人——而不是你——因为如果你处在他的位置，你也会这么做。但如果没有其他求职者比你更胜任这份工作，那就告诉他你想得到这份工作，并且你认为雇用你对他最有利。”这个年轻人照我说的做了，最终得到了那份工作。

无论你想推销什么，你都不需要为了把东西卖出去而给对方一个“完美”的理由。你所要做的就是**让对方知道，做你想让他做的事对他是有利的——听从你的建议的好处超过了可能存在的一切坏处。**获得他人信任最关键的一点就是，与对方坦诚相见，并帮助对方预估和理解你让他做的事情的利与弊。等着并让他自己发现你的提议有什么问题，是一个错误。有太多的人直到我们自己发现了问题之后才对我们“坦诚相见”。这就好比，在一个人买了一匹马并自己发现了问题之后，才告诉他“这匹马有什么问题”。如果你的建议是合理的，你不必害怕告诉对方你所知道的一切——包括缺点——因为这样做有助于获得对方的信任。只要利大于弊，你就不会输。

欺骗一个向你敞开内心的人很容易，但你只能骗对方一次。除非你花时间为对方的利益和你自己的利益着想，否则你可能会发现自己无意中占了对方的便宜。无论何时发生这种情况，对你来说都非常不利。

销售人员很容易屈服于推荐客户购买能为他带来最多佣金的商品的诱惑，但如果最终买家吃了亏，他就失去了一个优质客户。虽然销售人员或其他任何人都可以学习商业技巧，来获得一种打开他人内心，并说服对方行动的讨人喜欢的个人特质，但如果对方随后为自己的行动感到后悔，那么销售人员或其他任何人就多了一个敌人而不是朋友。一个店员，一个面包师，一个圆滑的政治家，一个推销员，一个律师，甚至一个医生，尽管可能没有意识到这一点，但他可能更感兴趣的是自己得到了什么，而不是自己付出了什么。当这一点被证实时，他们就失去了他人的信任。

但如果我们能克服这种人类普遍存在的倾向，即主要考虑眼前的个人利益；如果我们能让自己相信，**从长远来看，充分维护他人的利益对自己最有利，那么我们就更有可能把心放正，我们也就更容易做到言行一致，从而获得他人持久的信任。**

人们希望对你抱有信任。他们不想无休止地反复核验你说的一切。

生活错综复杂，不允许我们在行动之前做全方位的核实。正是因为人们信任他人，人们才会雇用他人，购买商品和服务，听从指示，交易财富，以及做出担保。

选择正确的时机来给出证据

无论你多么全面地为对方的利益着想，无论你多么值得对方去信任，你给出证据的时机有对错之分。如果你和一个饥饿的人说话，在你喂饱他之前，不要试图说服他做任何事情。如果你和一个疲劳的人说话，你最好等他休息好了再说。如果你遇到一个正在发火的人，你最好先等他冷静下来。**大多数人在精神力充沛、身心放松、吃得饱饱的时候比在紧张、疲惫、饥饿或匆忙的时候更容易相处。**

找别人帮忙也分正确的时机和错误的时机。要想说动对方，取决于你是否有耐心等待时机，直到合适时机的到来。人们会给你清晰无误的信号，告诉你什么时候该提供证据，什么时候不要提供。

“生意怎么样？”我问一家大型制造业企业的总裁。“今年，”他回答说，“我们创下了自公司成立以来最大的销售额和利润，在今年的前6个月，如果我们能完成我们现有的订单就很幸运了。”这足以使我相信，现在不是提出我对增加他们销售额的建议的合适时机。在各种人类的情境中，时机都很重要。我们往往容易在错误的时间说正确的话。在时机上的大量练习会给你带来丰厚的回报。

合理且完整地向对方做出陈述

选择合适的时机来展示你的证据，一个最好的理由是，你想要确保有足够的时间来合理且完整地向对方做出陈述。只给出很少的信息是很危险的，如果我们不把信息充分告诉一个内心向你敞开的人，就别指望从对方那里获得信任。

我们每个人都在日复一日地向他人兜售自己的想法。在我们的工作中，在我们的家庭中，在我们的社交中，不管我们是否意识到这一点，**我们往往无法激发他人对我们的建议的信任，原因很简单，我们没有做好充分准备。**失业、离婚、个人恩怨、名誉受损、事业失败之所以发生，原因很简单，就是我们没有向他人提供充分的信息，从而助长了他们错误的看法。

一个男人被解雇了，因为他没有把自己的个人情况告诉上司。这个销售几个月来提交的报告一直存在差错。销售总经理一周又一周地注意到这些错误，得出的结论是这个销售越来越粗心了。也许他有一半时间都处于醉酒状态。不然，他怎么能提交有如此明显错误的报告？销售主管接到解雇那个人的命令。直到3个月后，销售主管才得知这个销售已经快失明了，他不敢告诉任何人。他一直在向一个对业务一无所知的速记员口述他的报告。因此在提交报告之前，这个速记员无法检查报告，而这个人自己也无法阅读报告，因为他的视力已经严重下降。当一切真相大白，并引起销售总经理的注意时，他对整个情况感到非常难过，于是联系到被解雇的销售，确保他得到最好的医疗保障，并让他复职。

我认识一名能力出众的高管，他委托他的得力助手向他汇报员工的各种个人事务。这名行政人员知道某人的妻子何时住院，他的孩子何时出生；某人何时与伴侣发生了争执，他何时接受了医疗护理，他何时参加夜校课程，或他的员工之间何时出现嫉妒、摩擦或互相串通。他尽最大努力使自己了解情况，不仅了解工作方面的情况，而且了解每个在他手下工作的人的个人情况，这样做就是为了避免自己在信息不足的情况下做出错误的判断。

但只要大多数高管做不到这一点，任何想要逐渐获得老板信任的员工都应该想出一些办法，让老板了解情况。一些雇主慢慢地发现，如果他们想获得并保持员工的信任，就有责任让他们的员工充分了解影响他们业务的各种因素。简单、易读、易理解的年度报告对员工和股东来说都同样有吸引力。对未来可能影响公司业务的外部因素做出解释——这些因素是公司无法控制的——有助于员工理解工资标准的变化、临时裁员或其他与员工切身利益相关的事情背后的真实原因。

有些公司会把信件寄到每个员工的家里；有些公司有精心编写的内部刊物；还有一些公司定期召开会议，管理层的主要代表在会议上，向员工通报正在发生的事情，并鼓励他们提出问题。我问过一位成功的律师："你怎么解释你打赢的案子比例如此高？""那是因为我的对手太懒，没有做足准备。"他回答道。

我最好的两个朋友是一对伴侣。他们后来对彼此失去了信任，离婚了，他们的孩子们也经历了家庭破碎带来的创伤，仅仅是因为他们都没有及时主动采取措施——在他们的内心仍然对彼此敞开的时候，他们没有就彼此的错误和欲望充分讨论。

在我自己的商业经验中，我一次又一次地证明，**任何销售都可以**

迅速增加他的收入，第一，如果他能够打开潜在客户的内心；第二，尽早选择一个合适的时机，给出一个符合潜在客户利益的完整陈述；第三，请求下单。许多销售之所以失败，是因为他们从来没有把完整的故事讲出来，而这是获得潜在客户信任，并请求下单的唯一可靠基础。

所以不要忘记，一旦你打开了对方的内心，你要想获得别人的信任，最好的办法是，在一开始就充分告知他们，接着继续让他们了解你的情况，并对你的情况进行合理且完整的陈述。不过，在准备一个合理完整的陈述时，要确保你不会让听者感到厌烦。

深思熟虑，简单明了，有吸引力

事情的重要性决定了你的陈述时长。显然，你不应该花超过几十分钟的时间来促成一笔小额销售或求人帮一个小忙。即使你试图达成一笔涉及数千万元的交易，或者解决一件影响整个国家的事情，你最好不要指望一次持续关注超过一个小时。事实上，如果你读这本书已经超过一个小时了，你最好把它放在一边。不过，别忘了过一会儿再捡起来。

在任何情况下，你都应该对你所要陈述的内容提前深思熟虑，尽可能使其简单明了，尽可能使其有吸引力——去掉所有乏味的细节。

当一个人漫无目的地对你喋喋不休，坚持用一大堆你丝毫不感兴趣的细节让你感到厌烦时，你知道你有多么不耐烦。我们每个人都有过这样的经历。有一天，当我想买一株栀子花作为我妻子的生日礼物时，我就遇到了这种情况。

我来到南加州的一家花圃，在询问栀子花的价格时，我告诉花圃的栽培者，他的花似乎有点儿贵。

“皮皮不知道。”他一边不停地这样抱怨，一边开始大谈栀子花。我想打断他，但他当时兴致正高，沉浸在对培育一株栀子花如何漫长而艰辛的讲述中，并表示，这些事务只有最熟练的花匠才能做好。他有多年的栽培经验，有不知多少代培育栀子花的祖辈的直觉指导——直到栀子花长得足够茁壮，可以稳妥地出售给业余花匠。

在他的讲述中，唯一引起我兴趣的是他不断重复的那句“皮皮不知道”（peepee don' know）。过了一会儿，我才恍然大悟，原来他说是“人们不知道”（people don't know）。然后我准备离开。毕竟，我既没有时间，也没有兴趣了解栀子花的栽培技术。我只想要一株栀子花。我并不关心栀子花是怎么长出来的。我只是觉得一株栀子花会让我的妻子开心，这株花出现在她的花园里会看起来很漂亮，也许还会让邻居眼前一亮，仅此而已。

然而，这种“人们不知道”的抱怨并不局限于花卉栽培者，似乎随处可见。

不久前，我参加了一个会议，会上一位才华横溢的年轻发明家向一些投资人讲解了他的最新创意。他们的内心对他是敞开的。他们要求招开这次会议。对这位年轻的发明家来说，这是一次重要的会议。这是他的大好机会。和他谈话的这些人有足够的钱和人脉关系来实现他的创意。

我们在中午前来到他的工作室。这位发明家一开始就详述了他那令人振奋的创意，其痛苦的诞生过程以及他的巨大付出。接下来，他就没完没了地讲数字和图表。下午两点十分，其中一个投资人耐不住了。“听着！”他打断了发明家的话，“我们已经听你讲了两个多小时。你带我们进入了你那科学冒险的森林，指出了你遇到的种种艰难险阻，你还详细解释了你最终是如何杀出一条路来的。可我们还没有从森林中走出来。我还是不知道你已经得到了什么，也不知道你那伟大创意对我有什么用！”

“我马上就要讲到了。”发明家保证道，“但你们不知道我经历了什么。”

“听着，”那位投资人再次打断他说，“人们过流程不感兴趣。人们只对结果感兴趣。人们永远不会知道你经历了什么。人们不在乎。这是你要独自默默背负的十字架。人们根本不在乎你为创造一个有价值的成果经历了多少困难。他们只想知道这个成果会给他们带来什么。”

虽然我很同情这位发明家，但我不禁觉得这位金主是对的。

还有一次，我坐在一名销售经理的办公室里，他的一个销售走了进来。

“你做得怎么样？”销售经理问。

“好吧，我来告诉你，”销售开始说，“我一吃完午饭就去了那里，当时我站在接待室里……”

“等一下，”他的上司打断他说，“你拿到订单了吗？”

“嗯，我要说的是——他一开始没见我。我努力沟通了整整两个小时……”

“乔！我不管你有没有努力过？我想知道的是：‘你拿到订单了吗？’”

人们永远不会知道这名销售为了拿到订单经历了什么——除了他的妻子，她可能希望自己不知道。

当布雷迪太太打电话给布鲁迪太太，欢迎她从医院回来，并邀请她打桥牌时，她不想听到任何关于手术的事；她只想知道：“你要不要来打牌？”

最近，我看到一篇儿童图书的书评是这样写的：“这本书讲述的关于企鹅的知识比我感兴趣的还要多。”这让我明白了一个道理，**对别人讲述关于我们自己的事，而不是他们想知道的事，往往会让我们陷入尴尬境地。**人们不想知道我们经历过什么。所以，不要指望他们愿意听。

当你进行合理且完整的陈述时，让你的听众清晰明确地知道他们能得到的主要回报是什么，尽可能围绕这一点来展开，并去除所有无聊的细节。

世界上到处都是“发明家”“改革家”和有“好点子”的人，他们总是喋喋不休地谈着更好的做事方法，但他们往往不会获得信任，甚至不会获得那些内心对他们开放的朋友的信任，因为他们从来没有真正想出如何切实且全面地展示自己的想法。

在这一点上，我们都有切身体会。也许你已经注意到，每当你有了一个想法，这个想法总是伴随着一阵热情，你最初的自然倾向是马上从椅子上跳起来，去告诉别人。这种事在我身上确实经常发生。你还没把你的好主意讲到一半，对方就打断你，并提出了一大堆反对意见，让你觉得自己像个白痴，居然会有这种想法。如果提出的反对意见是正确的，你就会后悔自己之前怎么就没有想到这一点，这样你就可以避免因提出一个漏洞百出的想法而尴尬。我们的很多想法都是如此。

但是，即使你的想法很好，你也会因为过早地和他人讨论而陷入各种麻烦。因为你还没有对你的想法深思熟虑，所以你无法预料和回答别人提出的疑问和反对意见。这个想法所产生的能量在你与他人过早的讨论中消散了，他们给你的计划泼冷水，描绘出让你害怕的巨大困难。**如果你有了一个想法，那就把它藏在心里，这个想法所产生的能量会促使你对它深思熟虑，并帮助你预见和克服与之相关的反对意见和困难。**

世界上最难的事之一就是把一个想法憋在心里，直到它完全开花结果。但是，如果你想成功地对你的想法进行合理且完整的陈述，从而获得他人的信任，那么你就必须这样做。任何一个人，如果一有想法就草率行事，很快就会被人认为是一个有很多奇思妙想却永远一事无成的人，这样你就无法获得他人的信任。

我并不是说在你孕育想法的过程中不可能得到他人的帮助，我的意思是，与任何人讨论你的想法应该在你自己对它深思熟虑之后。并且你的讨论对象应该仅限于那些权威人士，因为他们会提供真正有价值的建议。

不要做出过于热切的承诺

在构建一个能获得他人信任的强有力的论据时，我们很容易让我们的热情冲昏了头脑，并许下不容易兑现的种种承诺。

销售大师和人际关系大师信奉并了解低调行事的巨大价值。他们知道保守的承诺会立即赢得更聪明的人的信任，他们也知道保守的承诺更容易兑现，不仅对更聪明的人来说如此，对不那么聪明的人来说也是如此——从而赢得这两类人长期的信任。

我曾在海军服役。一天下午，我们的士官长找到我。我对他是内心开放的，因为他毕竟是我的上司。那天晚上，他邀请我陪同他去约会，他向我描绘同他的约会对象一起来的“可爱的妹妹”如何青春靓丽。那天晚上，这位可爱的妹妹原来是个“戴着厚眼镜的阿姨”。我对士官长的信任彻底丧失了。事实上，从那时起，每当他谈到约会时，我的内心对他都是封闭的。

一位母亲向她上高中的女儿玛丽许诺，如果她在21岁之前不喝酒，就在21岁生日那天给她500美元。玛丽做到了。但是当她21岁生日的时候，她的母亲却拿不出那500美元。

一个销售向他的老板保证，他将在当年一月拿下一笔大订单。可是，当二月来临的时候，他还没有拿下订单。

一名研发总监向公司总裁保证，他会在星期二之前完成一份报告。但是到了星期二，他发现他的报告所需的信息还没有到位。

如果一个雇主告诉你在一年内每周可以赚200美元，而你只赚了87美元，而且你还知道在这个行业的历史上，没有一个销售的每周平均收入达到200美元，那么你就会对这个雇主失去信任。

我认识一个年轻人，他给未来的雇主留下了极好的第一印象，并凭借他的销售话术得到了一份很好的工作。但在他得到这份工作后，老板发现这个年轻人缺乏与公司中其他人相处的能力，并且表现得好像他“太优秀”而不能完成一些例行任务。于是老板对这个年轻人失去了信任，把他解雇了。

这是一种诱惑，利用对方不了解情况，做出夸张的承诺。但当你无法兑现承诺的时候，你就会付出沉重的代价，使对方对你失去信任。我们所有人都会不经意地许下根本不必许下的承诺。我们不必为了赢得一个人的信任而“许下承诺”。事实上，我们最终失去了我们试图用这些承诺来建立的信任，而我们希望通过这些承诺来赢得信任。我的一位最睿智的老师曾告诉我：**“永远不要对未来做出毫无保留的承诺。”**

当然，在我们所有的人际关系中，确保我们所做的任何承诺都能真正兑现是至关重要的。

避免有争议的态度

迈伦·科尔伯特（Myron Colbert）有一句名言：

在发生争议的时刻，我的洞察力相当好，我总是看到两种观点：错的观点和我的观点。

无论你多么正确，无论对方多么错误，无论你有多少证据来证明这一点，你都很难通过驳倒对方来赢得他的信任。有句老话说，**赢得争论的最好方法就是完全避免争论。因为争论使对方的内心对你封闭。**当你开始证明某件事时，别人很自然地会想出所有他不应该照你说的去做的理由。但是，当你把你的想法以建议的形式提出时，基于对双方的利益公平且完整的评估，你就不会激起对方的抗拒心理。对方仍然可以遵从自己的意愿，只要他知道他可以遵从自己的意愿，他就更有可能按你的意愿去做。没有人喜欢被迫做任何事——即使是为了他好。

如果你的建议是合理的，你完全可以承认它存在缺点——事实上，你对利弊的陈述可以帮助你获得真正的信任，因为任何聪明的人都能看到，任何问题都没有“完美”的答案。任何人都能想出一个很好的理由来反对做任何事，所以为什么要激起他们的抗拒心理呢？

你听到过多少次父母和孩子之间的争吵，在睡觉还是参加教堂的慈善活动的问题上陷入僵局？即使孩子也能看到这样一个问题的正反两面，父母如果能公开地展示问题的正反两面，就能更成功地获得孩子的信任。

例如，据报道，堪萨斯州温菲尔德的一名小学生总结了参加和反对参加教堂的慈善活动的原因如下：

“去的理由——这是我应该做的事。可以帮助他人。爸爸妈妈会很高兴。不去的理由——我喜欢在星期日早上睡觉。我讨厌牧师。天气太冷了。”

D. B.泰勒（D. B. Taylor）是某杂志一位优秀的商业专栏作家。他研究了买卖双方出现纠纷时，10不同类型销售的应对方式，并且对其中的“外交官”型销售做了如下描述：

这位“外交官”有一种不可思议的能力，他能迅速站在客户一边介入纠纷，同时还能有效地代表自己的公司。他会大步走进愤怒客户的办公室，惊讶的客户会突然发现自己有了一个真诚且有价值的盟友，而非敌人。由于这位“外交官”知道自己有一种罕见的安抚客户的能力，所以他能够从容不迫地拥抱困难。他发现，他成功地调整了这些困难，实际上把客户牢牢地与他联系在一起，对“外交官”明智地为他的利益服务的能力产生了一种近乎幼稚的信任。

善于运用这种外交手段的人不仅在商业上收获了巨大的回报，而且无论走到哪里，他们都能享受信任带来的回报。

杜绝轻率的言行

到目前为止，我们得出的每一条赢得他人信任的准则可以说都至关重要。当大型商务会谈在公司举行时，或者当一个重大问题在家里出现时，或者当你在处理对你来说很重要的事情时，你可能会保持谨慎，并记得运用这些准则。

但是，我们所有人都有轻率的时候——当没有关系重大的事时；当我们忘记采用我们所知道的准则时；当我们口无遮拦并做出不理智的行为时；当我们故态复萌，甚至忘记要表现得像个有教养的人时。

正是这些轻率之举，使我们可能会失去花费数月或数年才建立起来的信任。

例如，在圣诞节假期期间，我看到了一个典型的例子，一个小小的、不重要的场合，就足以削弱一位年轻的销售主管与老板之间高度信任的关系。

公司正在举行圣诞派对。这一年的主要工作完成了。每个人都沉浸在节日的气氛中。老板亲自给员工们倒鸡尾酒。一名年轻的销售主管想要放松一下。似乎是时候放松一下了。确实如此。但是这个家伙做得太过分了。

几天后，他来找我说："天哪，我在圣诞派对上喝得很尽兴！我甚至不知道6点以后发生了什么。同事们已经告诉我当晚的情形，老板一定很不满，你说呢？"

"为什么？老板对你说什么了吗？"我问。

"他什么也没跟我说，但今天早上我见到他的时候，他的表情冷冰冰的，这是我以前从来没有感受到的。我能感觉到这与我在圣诞派对上的表现有关。但毕竟是他不停地请我再喝一杯，当老板亲自给你倒酒时，我怎么可能拒绝呢？"

现在有一个常见的现象。也许你遇到过这样的情况：主人给你又倒一杯酒，你真的不想再喝了，或者你觉得你不应该再喝了，但你又不想表现得像一个拘谨的人，所以你就跟其他人一起喝了。

我要感谢我的一个好朋友让我明白了如何正确应对这种情形。

在一场公司年会上，在一次紧张的年度销售会议之后，我有幸成为倒鸡尾酒的人之一。当我一再“坚持”要给我这位朋友再倒一杯时，他说：“博士，您想让我喝得尽兴，对吗？”

“当然，”我马上回答，“有什么我能做的吗？”“是的，”他说，“不要再给我倒酒了，因为我不想再喝了。我已经喝得很尽兴，现在感觉刚刚好，不能再喝了。”

这段经历给我留下了深刻的印象，并让我明白为什么这个人在他的朋友和同事中享有如此高的信任度。毕竟，我们知道，在这种场合，主人要做的就是让客人喝得尽兴。再来一份火鸡或再喝一杯仅仅是一种餐桌礼仪。我们不必对主人的“坚持”信以为真，否则很可能会背上贪吃或贪杯的名声。

我们都遇到过这样的人。在我刚刚提到的那场庆祝活动第二天的早晨，我在男卫生间里无意中听到了“两个小伙子”之间的对话。

“你感觉怎么样，埃迪？”

“还行，汤米——你呢？”

“我也挺好。可是，天哪，乔不是出丑了吗？”

是的，在每一个喝酒的聚会或庆典上，似乎总有一个人出丑。对我们来说，重要的是确保我们永远不会成为那样的人。有些人能做到“饮酒有度”，有些人就不能。有些人根本不应该喝酒。酒会使他们失去吸引力，暴露他们的弱点，使他们言语粗鲁，使他们“过度兴奋”，使他们想打架，使他们生病。不过，对有些人来说，一两杯酒下肚似乎会让他们更有吸引力，使他们更放松，使他们更健谈，使他们更有礼貌，使他们更有吸引力。我不相信在这方面有什么一定之规适用于所有人。这完全因人而异。每个人都应该知道酒对他自己的影响。然后，就应该小心行事——为了自己好，也为了给别人留下的好印象——任何时候，当一个人发现自己无法在酒桌上收放自如时，就应该滴酒不沾。

所有这些听起来都是显而易见的，但你我都知道，当涉及“喝酒”时，显而易见的事情往往会被忽视——有时会完全破坏别人的信任。

不久前，一位能干的高管告诉我，他与他所在行业的一位领军者在多年的时间里建立了一种商业友谊。“这个人已经准备邀请我加入他的公司，”这位高管说，“我办了一场晚宴，邀请了他和他的妻子。在那场晚宴上，我犯了一个错误，我喝多了，一个晚上就毁掉了我5年才建立起来的他对我的所有信任。自那天晚上之后，我就再也没有见过这位朋友。”

有人说过，喝酒最重要的一点是，喝酒本身从来不该是重点。

当然，在我们轻率之时，我们可能会以其他方式失去他人的信任。

比如，讲任何故事都应该考虑受众。有些人总是一开始就讲一个稍微有点令人尴尬的故事，然后事情就变得越来越糟，直到有人最后讲了一个每个人都不希望他讲出来的故事。一个故事必须是个好故事才能帮到你；一个故事不一定十分令人尴尬才会害了你。如果你不确定自己要讲的故事会不会冒犯到别人，那就不要讲出来。

我们在轻率之时失去他人信任的另一种方式是说一些我们自己都不相信的话。

在一辆城际公交车上，我看到一个约莫5岁大的小男孩指着第42街和第五大道交汇处的图书馆大楼，然后问他的父亲：

“那是你的办公室吗，爸爸？”

“不，那是图书馆。”他的父亲简略地回答。

“图书馆里有什么？”男孩问。

“书。”

“书上是怎么说的？”

“书上说，要听爸爸的话。现在给我闭嘴。”

你知道孩子们会问什么样的问题：

“那是什么树，爸爸？”

“那是世界上最大的船吗，爸爸？”

“爸爸，那架飞机要飞到哪里？”

“爸爸，我们家的狗什么时候生小狗？”

对于孩子来说，这些都是严肃的问题，任何父母如果习惯性地随便给个答案——甚至连他们自己都不相信的答案——来敷衍孩子的提问，很可能会失去孩子的信任。因为等孩子稍大一点儿，发现父亲给出的答案常常是错的，就很难指望他能充满信任地接受他父亲的其他说法，不管他父亲说的话有多智慧。

一天早上，一名保险销售从接待室打来电话："我不会向您推销任何保险产品。我只想占用您10分钟的时间来介绍一款全新的险种，这是我们公司专门为像您这样的人量身定制的。"虽然我向这个家伙敞开了内心，但当他走进我的办公室时，他确实试图向我推销保险，他没有在10分钟内离开，而且他的公司推出的全新险种并不是专门为我这样的人设计的。

显然，我们不可能用连自己都不相信的漫不经心的陈述来赢得任何人的信任。

如果你能为别人的利益着想，选择正确的时机来展示出你的证据，给别人一个合理且完整的陈述，兑现你的承诺，避免有争议的态度，杜绝轻率的言行，你就能赢得别人的信任，并享受随之而来的一切好处。

第 5 章

如何激发信赖

信任，如果持续地在有利的证据下萌发和生长，最终会开花结果，变成实实在在的信赖。一旦你赢得了一个人的信任，你的下一项工作就是在每一个新情况下，继续向对方展示你值得他信赖。这是说服对方相信你所说的话，做你想让他做的事的第三步（见图5-1）。

信赖关系代表了人际关系的最高境界。不仅是人际关系中最舒适、最惬意、最美妙的形式，而且是最有效的形式。信赖关系可以为我们节省很多时间。

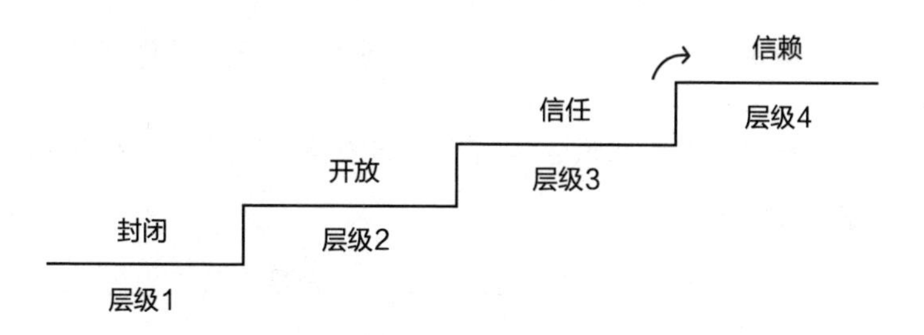

图5-1　人际沟通的第三步

你很容易就能看出其中的原因。一个内心对你开放的人在按你的要求去做之前需要你给出充分的证据，而即使信任你的人也需要你拿出一些证据。不过，随着对方对你信任的增长，他在遵循你的建议之前需要你提供的证据越来越少。当一个人信赖你时，他会毫不犹豫地按你说的去做。

信赖关系是否过于理想化

我从来没有和任何不认为信赖关系很美好的人交流过。但几乎每个人似乎都认为，就像完美的爱情一样，信赖关系过于理想化，因而不现实。他们不否认这是一种理想的人际关系形式，或者它是有效的，或者它是可以为我们节省时间的，或者它是最令人满意的人际关系形式。他们唯一的争论点似乎在于，这几乎是不可能实现的，而且很少有人绝对值得信任。我也同意，在生活中下，很难找到一个真正值得我们全心全意信赖的人。当我们开始思考信赖关系那一刻，我们必须立即认识到，没有人在任何事上都信赖任何人，除非一个人巧妙地试图获得如此高层次的人际关系。

但我们经常会发现，一个人信赖另一个人与某件事有内在联系：

一名业务经理说："你不必再复查那个家伙了。他提供的数据总是分毫不差。"

一名女富豪说："我们认为汤米是世界上最优秀的司机。他为我们开车已经很多年了。"

一名销售经理说："他是我们最好的销售。我完全相信他有能力搞定任何潜在客户。”

一名家庭主妇说：“我们永远不会挨饿。我的丈夫成功地让家里度过了每一次经济萧条。情况再恶劣也难不倒他。”

一名职员说：“我把涉及保险的一切事务都交给他，绝对相信他的判断。他知道我到底需要什么。”

一家大企业的董事长对新总裁说：“从现在开始，哈里，你可以按你的方式去做。你做的任何决定，不管有多么重大的影响，我都同意。如果我能帮上忙，尽管来找我。但我不会干涉你，因为我和其他所有股东对你都抱有极大的信任。”

女儿说：“永远不会有人比妈妈做的饭更可口。”

一位父亲说：“比尔是一个聪明好学的孩子。他从不需要我来督促。我毫不怀疑他会通过那门工程课的考试。事实上，他可能在这门课上取得优异的成绩。”

有时，我们非常有幸得知有一个在任何重大事情上都值得我们全心全意信赖的人，一个在各种个人、社交和商业场合中都能表现出沉着、克制和良好判断力的人，一个足够智慧，不会做任何他无法完成之事的人，一个思路清晰的人，一个有计划的人，一个视野开阔、有深切同情心和坚定信念的实干家，一个能意识到自己行为后果的人，一个你可以把你的钱财、妻儿以及你的一切都托付给他的人。

是的，这样的人很难遇到，但有可能存在。

我就认识几个这样的人。一个是我以前的老板。一个是和我一起上学的伙伴。一个是我最敬爱的老师，自从我离开学校以来，他就不断给我提供建议。还有一个是我的商业伙伴。当然，我可以补充一些与家人的信赖关系。我一点儿也不认为这些人代表着完美。他们不必完美到值得我信赖。他们可能犯的小错误对我来说无关紧要。在重要的事情上，我相信这些人的判断要么同我一致，要么优于我。他们在重大的事情上可能犯的错误，我自己也可能犯。

检验自己最好的方法之一，就是把那些信赖自己的人的名字在纸上写出来。你可以试一试。然后再写下你所信赖的人的名字。当你在两份名单上发现同样的名字时，不必感到惊讶，因为你信赖别人的能力决定了别人是否信赖你。

如果你不能诚实地对自己说，你喜欢与一个或几个人保持这种信赖关系，你就可以得出一个明确的结论，即在培养信赖他人的能力方面，自己还有一些工作要做。在你获得这种信赖他人的能力之前，你显然无法收获别人对你的信赖。当然，在任何可能的情况下，值得你全心全意信赖的人都相对较少，因为那些拥有如此杰出和全面能力的人非常罕见。

尽管我有意识地努力与尽可能多的人建立信赖关系，但我只在有限的几个例子中成功地建立了这种完全的信赖关系。但我通过亲身经历，享受着对成百上千人部分的信赖关系。我相信他们是有能力的医生、律师、高管、发明家、音乐家、艺人、管理人员、教育工作者、建筑工人、机械师、牙医、作家、艺术家、生产主管、金融家、政治家、杂货商、面包师，以及其他各行各业的人——我曾经为之工作过的人，曾经为我工作过的人，曾经为我服务或提供建议的人，曾经我为之服务或提供建议的人，以及给了我大量真实的、确凿的证据证明，在他们生命的这一阶段，他们是值得我信赖的人。除此之外，还有成千上万我素未谋面的人，但就具体事务的表现而言，我对他们深信不疑。每次我登上飞机，我都信赖飞行员——我把我的生命交给了这个我素不相识的人。每当我走进电梯，我都会不由自主地表现出对那些建造和检修电梯的人的信赖。每次我在餐厅吃饭，甚至在家里吃饭，我都会对我所吃食物的制造商表示信赖。每当我开着我的车，我信赖数以百计的装配工人和负责生产汽车各个部件的众多厂商。

抛开这些影响我日常生活的事例，我相信，我想你也相信，任何地方的人本质上都是善良的。虽然我相信他们在运用理性方面还有很多需要学习的地方，但我相信，如果当他们被引导如何思考以及如何感受时，他们就会少犯错误，不再那么短视，并变得更有兴趣帮助他人，而不是互相争斗和残杀。

我相信，任何开始这样做的人都可以向人类证明，更多地了解和遵守人性准则确实是值得的。我相信，任何了解这些准则的人，都会立即开始认识到，如果人们要生活、学习、进步，并有效地相互合作，开放的内心是必不可少的。我相信，只要给对方足够充分的证据，任何地方的普通人都可以被说服，与他人建立信任和信赖的关系应该是有计划的，并扩展到任何值得这种信任的人身上，原因很简单，这类关系为最高效、最富有成效和最令人满意的生活方式提供了基础。

我相信任何一个正常人都会相信，诚实只是另一种形式的常识。

我相信自私和完全不顾及他人的人，无法心安理得地获得和保留他们想要的东西，而不给别人一些东西作为报偿。一旦一个人有兴趣为他人服务以换取他想要的东西，他很快就会知道，从给予中获得的乐趣比从索取中获得的乐趣更大。我相信，通过适当的教育和引导，这一过程可以大大加快，人们最终会自己发现，**以某种形式为他人服务，是通往真正幸福的唯一途径。**

正是这种对人的基本信赖激励着我每天做好我所从事的工作。如果没有这种信赖，我肯定不会经营一个教育机构。正是这种对人的基本信赖使我相信，在适当的引导和训练下，全世界的人在任何时候都会欣然接受一种自由公平的生活方式。你可以看到，我与他人的信赖关系是如何引导我的一生的。任何人都可以与他人建立起信赖关系。一个人能在多大程度上发展这些关系仅仅受限于他自身信赖他人的能力。

然而，遗憾的是，我们都知道，大多数人并不认为自己与任何人和任何事物存在信赖关系。因为他们不考虑与他人建立信赖关系，所以他们永远无法获得这种关系，即使是那些完全值得拥有这种关系的人。此外，没有任何有意识的努力或计划来改善他们与他人的关系，他们在不断地摧毁他人的信任，甚至破坏他们暂时享有的别人对他们敞开内心的关系。结果是，他们不信赖任何人，也没有人信赖他们。

难怪大多数人在家庭中、工作中或其他任何地方都无法在人际关系中取得任何进展。例如，在职场中，你知道有这样一种人，他们不相信别人有能力把工作做得像他们一样好。这个人总是不停地检查，复查，在给别人安排一项工作后紧盯着不放。他们总是抱怨找不到可靠、细致或可信的人。**一个什么事都要亲力亲为的人永远升不到管理岗位，因为他不愿意把工作分派给别人。**

我认识一个小业主，他永远不会建立一个真正的企业。他的生意将永远是“独角戏”。他的生意的发展也将永远被限制在他个人服务的范围内。原因很简单：这个人对他所雇用的任何人都缺乏信任，因而不会放手让下属去做。这种做法导致他无法吸引一流人才来帮助他。肯为他工作的只有二三流人才，这是他对别人的不信任造成的。像这样的人，无论自己做生意还是受雇于大公司，总是停留在低层次。

有史以来最卓越的商业领袖，包括卡内基、摩根、施瓦布等，无不承认他们的成功主要归功于他们周围那些比他们聪明的人——他们信赖的人。这些工业巨子自然在用人上犯过许多错误。他们雇用的一些人不称职，辜负了人们对他们的信赖。但这并没有妨碍这些领导者拥有信赖他人的能力。正是这种持久的能力使他们成为行业领导者。

在家里，妻子不断地盘问丈夫的动机、他的工作、他晚上去了哪里，她的怀疑态度逐渐破坏了与丈夫的一切信任或信赖关系。同样的道理也适用于反复盘问妻子的丈夫。一方面，无论你走到哪里，你都会发现那些愤世嫉俗的人、疑神疑鬼的人，他们“不相信任何人”。他们自身的不信任——他们自身缺乏信赖他人的能力——也助长了他们在家庭、事业和社交中别人对他们的不信任。另一方面，那些最受爱戴、最受尊敬和最成功的人，无一例外都是那些有能力信赖他人，并将这种信赖表现出来的人。

人们愿意相信你。他们宁愿相信你是对的，也不愿让你试图证明自己是对的，因为这样对他们来说更轻松。人们不想花费心神去核实和分析你说的每一句话，以找出是否有漏洞或自私的动机。自从人类有了意识以来，我们就一直渴望有我们可以信赖的人或事。人们希望你信赖他们。**你能给别人的最大奖赏就是你对他的信赖。**比起金钱、权力和荣耀，我们更想得到他人的信赖。我们需要别人的信赖赋予我们自尊。当你给予一个人你的信赖，你全心全意的信赖，你无保留的信赖，你无条件的信赖，对方很少会让你失望。当你信赖一个人的时候，对方几乎不可能用卑鄙、背叛或欺骗来回应你的信赖。因为这样做会让他丧失自尊。

每当你觉得你已经赢得了一个人的信任，并且随着新情况的出现，一再证明你值得他信任时，你还需做最后一件事来激发他对你的信赖。

请求对方信赖你

你必须请求对方信赖你——无需太多语言，因为语言的作用是有限的，而且太多的语言可能会让对方感到尴尬。例如，你可能会问一个人："你会信赖我吗？"他可能会说："是的"。但在考验到来之前，你们的信赖关系仍然毫无意义。

这里有一个对信赖关系的测试。每当你觉得一个人已准备好信赖你的时候，就请他做一些重要的事情，而不要给出证据来证明他为什么要这样做。例如，有一天我在芝加哥的旅馆里，接到了一家大型商业机构的总裁打来的长途电话。他想让我帮他们解决一些营销方面的问题。他告诉我，他必须为他的公司挑选一个重要的管理人员，想知道我是否有推荐人选。我知道我获得了这位高管的信任。我已经多次向他证明。现在，我想让他进入一种信赖关系。所以我没有告诉他我的推荐人选的名字，也没有告诉他我认为他应该选择这个人的理由，我只是说："您的问题解决了。我知道谁最适合这个岗位。""什么意思？"他问。我重复道："您的问题解决了。我知道谁最适合这个岗位。"然后我又说："现在我们在打长途电话。您还需要我做什么吗？""为什么……那太好了！"他说。然后他简略地说了另一件他想让我帮忙解决的事情，最后说："如果您确定已有合适的推荐人选，请让他速来。"

如果这位总裁坚持让我提供证据来证明这个人有能力胜任，我会给他证据，如此一来，我明确了他只是信任我。但他没有这样做，这证明他信赖我。我在该商业机构的一个分支机构找到了合适的人选，然后推荐了他，他就得到了任命。自那以后，我向这位总裁提出建议时，就再也不用给出大量证据。我也相应地不带任何质疑地照他说的做。事实上，每当他给出"理由"时，我都会打断他，说："如果这是您想要的，我就会照做。您不必花费宝贵的时间向我解释'为什么'。"这为我们双方都节省了很多时间和费用。**通过表达我对他的信**

赖，我激发并保持了他对我的信赖。事实上，这是激发别人对你的信赖的最好方法之一。让对方知道你信赖他。

我与另一名企业高管的信赖关系始于我们进行以下对话的那一天。“下星期一早上您能到芝加哥吗？”他问我。“您说什么地方，什么时间，我一定到。”我回答。尽管他的要求使我的日程安排不得不做出变更，他也知道这一点，但我没有让他给出理由。从那天起，他也无需我给出任何理由。如果你配得上别人的信赖，如果你愿意的话，对方会渴望表现出对你的信赖。

有一次，我邀请纽约市近百位商界和教育界领袖在黎明时分起床，参加7点钟的早餐。他们接受了我对某个人的邀请，并以他们的出席表明他们信赖我，这令我备受鼓舞。无论你走到哪里，如果你听一听人们说什么，你就会发现他们不自觉地寻求别人的信赖——并且，有时会得到别人的信赖。

一个家庭主妇打电话给肉店老板。

“能给我留一只5公斤左右的火鸡吗？”

“好的，琼斯太太，我会给您留一个好的。”

“店里有哪些火鸡？”她问。

“放心吧，琼斯太太。我还从来没有卖过您差的火鸡，是不是？”

“好的，”琼斯太太说，“我相信您会像往常一样给我挑一个好的。”

肉店老板通过提醒她值得相信自己来获得她的信赖。他做到了。

我坐在一名高管的办公室里，听到他在电话里对妻子说："亲爱的，我知道你相信我在这类事情上的判断。"然后她说了些什么。接着他说："你就把这事完全交给我吧！"挂断电话后，他转向我说："你看，雷利。我刚才同妻子的对话证实了你的理念，即当你值得信赖的时候，让别人信赖你。我妻子刚打电话来，商量给加州的一个亲戚买圣诞礼物。你听到我说的了。她对让我办这件事很放心。这种让别人相信我的判断的想法，为我节省了很多时间。我过去常常进行各种冗长、恼人的电话沟通和讨论，不仅仅和我妻子，还有其他人。"

在任何类型的销售谈话中，销售迟早都会请客户下单。在他打开了客户的内心，在他给了客户一个合理且完整的陈述之后，他就准备好让客户相信他并下单。全部麻烦在于，大多数销售似乎在那一刻变得小心翼翼起来。他们还在对客户不停地说，接下来你会看到客户说服自己放弃下单，或者把购买决定完全搁置。我确信，如果更多的销售知道如何让客户信赖他们，他们在争取订单时就不会那么困难了。因为让别人下单和让别人信赖你是一回事。我拿下的最大一笔订单很好地说明了这一点。我们的一位销售组织了一场会面，并由我来向一家大型工业企业的管理人员介绍我们的产品。这个企业里所有参与决定购买或不购买我们的服务的人都出席了。（这是每个销售都希望看到的。）通常的程序是打开这些人的内心，并为他们做一个相当完整的方案陈述。这些程序进行完之后，我就问该企业的管理人员，他们是否有什么问题要问。回答完这些问题后，我请他们立即做出决定。

"你们已经看到了我们是如何提高贵公司的广告效果的——理由

非常充分！”我告诉他们，“现在买下我们的服务，不然你们能了解到的就这么多。比你们一个小时后知道的多。比你们明天知道的多。我们都知道记忆曲线是向下的，一个星期后，你们只会记起我刚刚告诉你们的一小部分。还有一点，现在购买，我可以在这里回答你们的任何相关问题。一句话，现在是你们做出购买决定的最佳时机。”

“我说的决定是指‘买’或‘不买’。我们希望你们现在就做出决定。如果我们在场会妨碍你们私下讨论，我们就先离开，一小时、两小时或三小时后再回来，或者等你们做出决定时再回来。你们负责为贵公司的利益做决定，所以你们现在愿意为我们双方的利益做出决定吗？”

这些管理人员同意他们可能会在一个小时内做出决定，并让我们到时候再回来。我们走出会议室那一刻，我们的销售看着我，脸上满是痛苦的神情。“老天，雷利，”他说，“我们要谈的是一笔大订单。你不觉得你对他们有点粗暴吗？我们可以给他们足够多的时间来做决定！这是一家大企业！”“我们现在比以往任何时候都更有可能拿下这笔大单。”我回答。

在一个小时焦急的等待中，我们的销售几乎陷入精神崩溃。当我们回到这家大企业的会议室时，他们的决定是：“买。”当我回到纽约的办公室时，我发现我的办公桌上有一大束花，上面别着100美元的钞票。我的上司在让别人信赖他这方面真是个高手。

我认识的一位最成功的销售通过电话完成了一笔价值4万美元的

交易，他就简单说了一句："我们能帮你们避免犯一些错误吗？"在我给出的每一个例子中，一个人请求别人相信他，你马上就会意识到这是以一个简单的保证来实现的。现在运用保证相当普遍。但主要问题是人们经常在错误的时间运用保证。如果一个完全陌生的人在街上走近你，对你说："我可以告诉你如何赚大钱。"这种保证会让你毫无反应。原因很简单，对方没有打开你的内心，他没有做出合理且完整的陈述，来获得你的信任，因此你还没有准备好相信他——没有准备好接受他的保证。

当一个人准备好信赖你之时，当你向对方表明你值得他信赖之时，就应该做出保证。当这一刻到来的时候，不要犹豫，请求对方信赖你。记住，让他信赖你的方式是做出一个简单的保证。

"您的问题解决了。我知道谁最适合这个岗位。"

"放心吧，琼斯太太。我还从来没有卖过您差的火鸡，是不是？"

"你就把这事完全交给我吧！"

"你们已经看到了我们是如何提高贵公司的广告效果的——理由非常充分！"

"我们能帮你们避免犯一些错误吗？"

这些只是让人们信赖你的许多方法中的一小部分。如果你值得他们信赖，你就会得到他们的信赖。但是记住，仅仅因为一个人对你有很高的信任，并准备在某种情况下信赖你，并不意味着你可以在完全不同的情况下认定他们同样信赖你。

迷人的年轻女富豪可能毫不掩饰对自己那位高大、黝黑、英俊的司机的信赖——就司机而言。但在爱情方面，她的内心对他可能是封闭的。不过，说真的，一个商业伙伴可能会认为你是一个出色的“门面人物”，却是一个糟糕的高管。你的老板可能相信你是一名优秀的销售，但当他看到你的报销单时，他可能会认为你乱花钱。你所在公司的总裁可能认为你是一名出色的财务主管，但他可能认为你在与他人相处时有些粗鲁无礼。你的伴侣可能认为你在谈情说爱方面很在行，但在养家糊口方面很糟糕。你的妻子可能认为你在赚钱养家方面很优秀，但你越来越缺少浪漫。一个朋友可能会把他所有的钱财都托付给你，但是如果你让他乘坐由你驾驶的飞机，他可能会拒绝。你的孩子可能认为你是世界上最好的厨师，但他们也可能认为你在“享乐”方面过于敏感、守旧，或者他们可能认为你是一个糟糕的主妇。一个男人可能相信你有能力为他经营一家企业，但他可能不会把他的妻儿托付给你。

个中道理很简单，简单到我们常常忘记。的确，当一个人在某种情况下对你抱有信任或信赖时，他倾向于对你所做的任何事情都敞开内心；然而，在别的任何情况下，在你向别人提供能够证明你值得信赖的证据之前，你就假定别人对你抱有信赖，或者哪怕是信任，都是一个严重的错误

最后，记住一点，当你有幸拥有与你的妻子，或者你的丈夫，或者你的恋人，或者你的孩子，或者你的父母，或者你的商业伙伴，或者你的朋友的信赖关系，不要就他们已做了什么或计划要做什么，问很多不必要的问题，这会使你无意中表现出对他们缺乏信赖。不要用

冗长而多余的解释来证明你所做的或计划要做的事情，这会危及他们对你的信赖。

世界上破坏你与他人的信赖关系最快的方法就是在每一个环节都查问对方，并在他们所做的每一件事上跟踪他们的行动。信赖激发信赖，如果你想让别人信赖你，你必须信赖别人。**第一，你要努力配得上得到他人的信赖；第二，请求对方信赖你；第三，注意不要因为自己没有表现出对他人的信赖而在不知不觉中破坏了你与他人的信赖关系，做到这三点，你就可以享受几乎任何人对你的信赖。**

信赖关系对你意味着什么

当一个人信赖你时，他会不带任何质疑地为你服务。但他不仅仅向你提供服务，在你与他人的所有关系中，他都有力地帮助你。他帮助你打开他人的内心，获得信任，并激发越来越多的人对你的信赖，从而加快你的目标的实现，无论你的目标是什么。

无论你多么见多识广，无论你在特定领域掌握了多少知识，你都应该记住，如果没有许多人的帮助和配合，很少有人能在人类奋斗的任何方向上取得成就或走得更远。朋友、亲戚、雇主、商业伙伴、上司、下属、客户、商人，几乎每一个你接触的人，都能加速或阻碍你实现目标的过程。

他人扶持的重要性

成功不仅仅取决于你知道什么，还取决于谁对你抱有信任或信赖。你既要本身有能力又需要他人的扶持，因为的确“草原上有许多花在看不见的地方盛开”，很多人因无人扶持而无法崭露头角。无论你朝着自己的目标前进取得了怎样的进展，几乎都可以完全归功于那些信赖你的人，从你的母亲到你最后一个朋友。你所要做的就是回忆一下你是如何找到你最理想的工作的，或者回忆一下你是如何认识你最重要、最喜欢的朋友的。想一想最令你满意的经历，抑或是任何其他成功的人际关系，你会发现，几乎在每一种情况中，你都得到了对你抱有信任或信赖的人扶持。

任何人都明白，当你有个好朋友愿意拉你一把，与你分享他积累的人脉资源，你在所有人际关系中都会更顺遂。你可能很能干，但如果你在组织内部没有他人扶持，你很难得到晋升。如果你在组织之外没有他人扶持，你就不会得到很多有吸引力的工作机会。我小时候的第一份工作是在匹兹堡送报纸，这份工作是在一个儿时朋友的帮助下得到的。自从我离开学校，我所做的每一份工作都是应邀去做的——完全是由于别人的扶持而受到邀请。毫无疑问，你会想到许多借助他人的扶持来实现自己某些目标的例子。每个人都明白，让别人说你是一个很优秀的人比你自己说要好。

如何获得有力的扶持

然而，当你打算借助他人的扶持时，最好认识到扶持模式的影响力取决于两个主要因素：

- 你与扶持者的关系。

- 你的扶持者与受影响者的关系。

我们在选择扶持者时必须慎重。如果你选择了一个信赖你的扶持者，并且与被影响者也有信赖关系，那么你的扶持模式就足够强有力。信任关系有时足以让扶持模式获得预期的结果。但如果这两个关键关系中的任何一个仅处于开放这一心理层级，那么你的扶持模式就很弱，发挥不了什么作用。

一旦我们意识到我们对扶持的潜在运用直接取决于对我们抱有信任或信赖的人的数量，我们就会重新认识与尽可能多的人建立这种关系的可取之处。不管你的目标是什么，只要你养成了通过列出那些可能帮助你实现目标的人的名字来做规划的习惯，这个习惯就会自动地为你提供必要的促进因素来扩展和发展你的人际关系。

不要让人情关系变得淡薄

在一次次向男性提供关于利用他人扶持来实现自己职业目标的咨询中，我遇到了这样一种情况。一些在商界打拼了5年、10年、15年甚至20年的人告诉我，他们想不出任何一个合适的潜在扶持者的名字。对我来说，这总是意味着，他们已经完全忘记了大多数以前的朋友和商业伙伴。“想想你以前的老板，”我告诉他们，“想想那些在以前的业务往来中拜访过你的销售。想想以前各种各样的商业、社交和教育活动中获得的联系方式。如果你在事业上比较成功，你肯定在他们中有一些好朋友。也许你忽略了他们。但如果你以正确的方式入手，你可以恢复这些友谊中的大部分。”

很多人在失业或遇到危机需要帮助时才会想起朋友。那就有点儿晚了。我们不能突然与人建立信赖关系。如果我们想及时享受这种关系所带来的好处，我们就必须逐渐发展并维护这种关系，并将其作为我们日常生活规划的一部分。“确实如此，”你说，“但是如何着手恢复这些被遗忘的友谊呢？”对于这个问题，我经常给出的答案是，信任和信赖的关系总是在服务和爱的森林中不断加深和成熟。当我让一个人列出他以前的老板、商业伙伴、同学和朋友的名字后，我会就名单上的每个人问他：“你有多久没见过或联系这个人了？你有多久没有以某种方式帮过他了？你能否想点办法为他出些力吗？”

一旦一个人开始考虑发展扶持关系，他就会意识到他不能让人情关系变得淡薄。他明白，无论何时离职，与老东家保持良好关系和与新老板建立良好关系同样重要。

帮助我获得毕业后第一份工作的那个人早已退休。他现在上了年纪，住在离我很远的地方。但我仍然给他写信，我们的友谊比以往任何时候都更加深厚。就在几个星期前，我在他生日时给他写了封信，向他祝寿。虽然他无法亲自回信，但他的妻子在回信中写道：“你永远猜不到你的信对他和我意味着什么。这封信正是他所需要的，因为他现在病得很重，而这样一封饱含情谊的信是最好的补品。”

服务他人有很多种方式，感谢他人对你的帮助也有很多种方式——所有这些都有助于维护和发展我们的人际关系。你让我看到一个在结交新朋友的同时还能留住老朋友的人，我就会让你看到一个对未来无所畏惧的人。

在为别人的事业问题提供咨询时，我发现**消除任何人的失业恐惧最可靠的方法是告诉他如何扩展和加强人际关系**，直到至少有3个人愿意雇用他——他现在的雇主以及另外两个雇主。一个人一旦消除了恐惧，就一定会在现在的雇主那里干得更好。而且，知道了现在雇主的扶持价值，不管他今后是否继续为他工作，他的行为往往会使他现在的职位更加安全。

然而，有趣的是，当一个人出于良好的商业原因开始以服务态度对待他人时，他很快就会发现这是一种乐趣。毕竟，**人际关系中有一条颠扑不破的准则，即你从别人那里得到的要比你付出的多。**信赖关系会带给你不断增多的快乐和满足，因为你多年来一直维护和培养这些关系。从更直接的角度来看，让你的扶持者充分了解你与受影响者的关系进展总是明智的。

例如，有一次，当我在争取一份重要的商业合同时，我请了一位对我抱有信赖，并获得潜在客户信任的朋友做我的扶持者。在我与潜在客户第一次会面之后，我立即给我的扶持者写了下面这封信：

自从你来纽约之后，我与某某先生进行了非常亲切友好的会谈，我们的讨论似乎取得了非常令人满意的结果。

我想让你知道这一点，因为我对你的大力支持深表感激。

签下合同后，我给我的扶持者写了第二封信：

我知道你会很高兴得知我最近与某某公司签下合同，因为正是由于你的大力支持，才使我获得这次难得的机会。

我期待在你下次来纽约时能再次见到你，这样我就可以当面致谢了。

我非常相信这种扶持的作用，所以我总是使用，除非受影响者已经信赖我。那时，也只有在那时，我才会直接去找对方谈。任何一个与足够多的人建立了信赖或高度信任关系的人（如果他有计划地，并心怀感激地利用这些关系），都会在扶持者的支持下获得成功。

练习扶持的思维方式

我们对扶持练习得越多，我们就越有可能记得及时使用扶持。事实上，前面章节中介绍的每一条关于如何让别人信赖你的生存准则，也是如此。

让我们假设你已经把这些准则记熟。让我们假设你还记得打开他人封闭的内心唯一可靠的方法就是帮助对方证明他是对的。让我们假设你还记得获得他人信任，并享受它的所有益处的方法是，考虑别人的利益和你自己的利益，选择在合适的时机拿出你的证据，给别人一个合理且完整的陈述，遵守你的承诺，避免有争议的态度，杜绝与你身份不符的轻率言行。让我们假设你已经完全明白，第一，你要努力配得上得到他人的信赖；第二，请求对方信赖你；第三，小心不要因为自己没有表现出对他人的信赖而在不知不觉中破坏了你与他人的信赖关系，你就可以享受几乎任何人对你的信赖。掌握这些生存准则的日常应用的唯一方法就是不断练习，直到这些准则成为你思维习惯的一部分。

仅仅知道这些准则并不能使你成为人际关系的高手。曾任哈佛大学校长的劳伦斯·洛厄尔（A. Lawrence Lowell）说：**“只有一种活动能真正训练人的思维，那就是人自愿地使用思维。**你可以帮助他，你可以引导他，你可以给他建议，最重要的是，你可以激励他；但他唯一值得拥有的，是他自己努力得来的东西；他所得到的与他所付出的努力成正比。”换句话说，如果你努力去掌握这些生存准则，它们就会对你有用。

一旦你养成了对他人抱有“正确的态度”的习惯，你就会养成在所有人际关系中，在正确的时间说正确的话的习惯，而使你能够做到这一点的唯一方法就是练习以这种方式去感觉。首先，消除你心中隐藏的憎恶或怨恨。然后更进一步，练习帮助他人证明他是对的。要敢于成为第一个对别人表现出信任和信赖的人，不仅仅因为这样做对别人有好处，还因为这样做本就对你有好处。**只要有足够多的人信赖你，世界上没有什么是你值得拥有却不能拥有的东西。**这就是信赖关系对你的实际意义和直接意义。如果你还没有建立起对“足够多的人”的信任或信赖，最好的方法就是重读本书前面的章节，并开始日复一日地实践书中所教的东西。

第 6 章

如何使用强制手段

使用强制手段的3个条件

既然我们已经界定了所有人际沟通中的4个心理层级，并且已经看到了如何运用说服原则来打开他人封闭的内心，获得他们的信任，激发他们的信赖，下面我们准备探讨一下使用强制手段在我们的人际关系中的重要性，并确定我们可以考虑在某种程度上安全地使用强制手段的3个基本条件。

几乎每个人都同意，紧急情况和冲突发生时，必须使用强制措施作为最后手段，但似乎相对较少的人意识到使用强制手段有多少种形式，很少有人知道或了解允许使用强制手段的基本条件。在大多数人心目中，“强制”是一个丑陋的词，往往与独裁者或恶霸联系在一起，通常意味着暴力或压迫。

虽然在大多数人心目中，公然滥用强制手段确实是造成这种看法的原因，但事实上，在人际交往中使用强制手段包括违背任何人或某一群体的意志、愿望或许可而施加任何形式的影响或力量。有时，对一个人或一群人使用强制手段是为了他们的利益。例如，一个小男孩在人行道上拍球。突然，球从两辆停着的汽车之间飞了出去，男孩也跟着冲过去。其中一辆车的车主及时赶到，把小男孩从正驶来一辆卡车的路上救了出来。小男孩又踢又抓，大喊："放开我！我要我的球！"当卡车呼啸而过，并把球碾爆时，连小男孩都明白，是这个人救了自己。如果你有能力的话，你也会像这个人那样做，不是吗？你当然会。你会使用强制手段使这个小男孩免于受到伤害。"是的，"你说，"但这是紧急情况。"确实如此。但在这种紧急情况下，如果可以的话，你会使用强制手段，因为你是对的，并且没有时间去说服，而你有能力阻止可能发生的不幸。

虽然在我们与他人的大部分日常人际交往中，我们确实能够依靠说服，但同样现实的是，当你觉得你必须使用强制手段，而且要迅速使用，以保护你自己，或你的工作，或你的声誉，或你的家人，或你的房子，或你的生意，或你的财产，甚至你的国家，避免受到直接损失或破坏时，就会出现许多紧急情况。

没有一个理智的人会肆无忌惮地故意使用强制手段，除非所有可能的说服努力都已失败。即便如此，他可能也不会选择使用强制手段，而是选择逃跑或投降。因为任何人在成功地使用强制手段之前，无论理由多么正当，他都必须具备压制对方的"实力"。与此同时，当我们觉得自己是占理的一方时，我们的急躁常常导致我们在用尽所有说服手段之前就使用强制手段。即使我们用尽了所有说服手段，当我们没有赢得胜利的必要动力时，我们有时会盲目地选择使用强制手段。所有这一切使我们得出使用强制手段之前必须具备以下3个基本条件：

1. 当你是对的，而别人是错的时——不仅在你自己看来你是对的，而且要让所有存在共同利益的人都认为你是对的。

2. 当你已经用尽了所有进行和平讨论和说服的合理手段，到了必须采取强制手段的地步时。

3. 当你有“实力”迫使别人为自己和所有存在共同利益的人做对的事情时。

在家庭中使用强制手段

也许，我们想当然地以为在家里可以放弃使用强制手段而完全依靠说服来解决问题。然而，让我们面对现实吧。即使在那些管理最到位的家庭中，还是会出现各种紧急情况或冲突。

当出现紧急情况时，你会使用强制手段来约束和保护孩子，因为你是对的，并且没时间进行说服，而你有能力阻止意外发生。当你是对的，当你所有的说服努力都失败了，当你该为孩子的利益采取行动时，还会出现其他的情况。在这种情况下，许多家长觉得没有什么比传统的打屁股更能有效地纠正孩子的错误。然而，打屁股这种应对方式存在一个问题，即迟早有一天，你的孩子会长得比你更高、更壮。我常常在想，这可能是一些父母不认同打屁股的潜意识层面原因之一。打屁股顶多是一种不得已而为之的强制手段。我只知道，尽管我们在家里竭尽全力地规劝，但我们的3个孩子在很小的时候，都被我狠狠地打过一次屁股。但后来我再也没用过打屁股这招，因为从那以后，他们似乎更愿意和我们讲道理了。然而，有些父母，无论对错，在任何情况下都不认同打屁股这种做法。可是他们通常会使用一些其他的强制手段，比如限制孩子活动，或者对他们采取冷暴力。

不久前，一位父亲带着这个问题来找我。他9岁的女儿突然拒绝上学。因为她“生病了”或者“头疼了”。但在每个上学日的早上10点左右，她又“感觉好多了”，可以玩洋娃娃，看电视了。她的母亲找来医生给孩子做了检查，没有发现任何问题。这对父母都试图和孩子“讲道理”，但毫无效果。一天早上，当她的母亲想把孩子抱起来放进车里，送她去学校时，她紧紧抓住餐桌腿不放，变得歇斯底里，以至于让她的母亲感到害怕，只得作罢。

我向这位年轻的父亲建议，显然是时候采取某种形式的强制手段了。我能想到的最简单的解决办法就是让这个孩子觉得待在家里比上学更不开心。按照我们的事先安排，下次他女儿“病得不能上学”的时候，就要求她躺在床上，并对她说，如果她病得不能上学，那就说明她病得不能下床走动和玩耍，所以她只能躺在床上，不能玩洋娃娃，不许看电视，拉上窗帘，直到她“恢复”到可以去上学为止。与此同时，医生提供了一些对身体无害但味道不好的口服液，每隔几个小时就让她服一支。这个孩子坚持了整整两天！到了第三天，她“感觉好多了”，似乎很想去上学。这对父母在这个问题上没有再遇到任何困难。

邻居家的一个小男孩喜欢玩火。很多父母或多或少都遇到过类似的麻烦。有一天，这个孩子的母亲告诉我，她走进客厅，发现窗帘着火了。还有一次，沙发冒起了烟，客厅的地毯烧着了。这对抓狂的父母试过了“一切”手段。他们不许孩子吃晚饭。他们整整一个月没让他看动画片。父亲打了他的屁股。他们跟他吵得面红耳赤。但没有任何效果，孩子依旧玩火。这对父母意识到情况已经变得相当严重，需要采取某种极端措施。他们决定用实证的方式让他认清问题。首先，他们开车带孩子经过一座刚刚被大火烧毁的房子。他们告诉他，如果他们的家被烧毁了，就会变成这个样子。他们向他解释家对他们所有人来说是多么重要。然后他们告诉他，他们要让他看看玩火会对他心爱的东西造成何种影响。他们从孩子最喜欢的6个木制士兵玩偶中选了3个。他们让孩子在一块空地上生起一堆火，烧掉了那3个士兵玩偶。当他心爱的玩具被烧毁时，小男孩流下了眼泪。从那以后，这个孩子再也没有玩过火。

诚然，在每个家庭中，当需要使用某种形式的强制手段来维持家庭和睦时，就会出现紧急情况和冲突，但所有父母都希望将这种令人不快的事件减少到最低限度，有两种方法可以实现这一目标。

鼓励独立思考

减少紧急情况和冲突的第一个方法就是鼓励孩子独立思考，因为这给了他一个展示自己有多聪明的机会。

例如，在费城的一家食杂店里，装着土豆的袋子高高地堆在地上。一位年轻的母亲站在柜台前核看购物清单，而她6岁的儿子想要爬上土豆堆。店员越看越担心，而孩子的母亲仅仅朝小调皮挥了挥手，喊道："不许这样，萨米！"

幸运的是，有两个儿子的店员知道一个更好的方法来应对这种情况。

"萨米，"他对小男孩喊道，"你上学了吗？""当然！"萨米回答。

"好，让我们看看你有多聪明。你能想出多少个理由不去爬土豆堆？"店员问。

萨米从土豆堆上下来，两脚分开，双手插在衣袋里，皱着眉头，沉思起来。"因为妈妈不让我去爬。"他脱口而出。

"为什么？"店员问。

"因为我会把自己弄得脏兮兮的。"萨米回答。

"哦，加油，萨米，你得想出一个更好的理由！"店员说。

萨米那聪明的小脑袋立刻开始想别的理由。"因为我这样做可能会弄坏土豆，因为我会把自己弄脏，因为您和妈妈都不希望我这样做，因为我可能会踢到别人，因为我可能会从土豆堆上掉下来，因为——土豆很重，落下来会砸伤别人。"萨米回答。

"现在你明白了，萨米。你知道吗，你是个聪明的孩子。爬土豆堆会伤到你和别人。"店员称赞道。

这位店员很聪明。他并没有使用"不许这样做"这类警告，因为父母们频繁使用这种应对方法，使这类警告变得越来越没分量。如果你对这一点存有任何疑问，下次当你和孩子的父母在一起时，数一数他们说“不许这样做”的次数。**解决问题的关键在于两个方面：一方面，要引起孩子的注意，因为我们都知道，孩子常常注意力不集中；另一方面，让孩子明白为什么他要停止做一些他明显感兴趣的事情。**

当你问孩子一个问题，他做出回答，你至少可以确定你引起了他的注意。如果你能让孩子思考足够长的时间来找到不做某事的充分理由，那么你就可以确定他明白为什么他不应该做这件事。这给了孩子一个展示他有多聪明的机会。这也给了你一个夸奖他的好机会。下次当你的孩子做了他不该做的事情或者想做他不该做的事情时，试一试这个“你能想出你不该这样做的充分理由吗”的方法，你会惊讶于其神奇的效果。这种方法会让孩子真正变得懂事。我和我的妻子在家里经常使用这种方法。如果孩子感到困惑了，想不出来，我们就简单地说：“好吧，去你的房间好好想一想，想出充分理由再出来。”孩子很快就会出来。

促进自由讨论

减少紧急情况和冲突的第二个方法是在紧急情况和冲突发生之前，花时间与孩子就各种话题进行广泛的讨论，以便他们在与你自由民主地交换意见方面得到充分的实践。

对父母来说，仅仅做到对事情的看法是对的还不够。在紧急情况出现之前，应尽一切可能在包括孩子在内的所有家庭成员之间就各种情况下“什么是对的？什么是错的？”达成共识，以便在紧急情况出现时，孩子知道如何去做。

例如，餐后讨论是我们家的惯例。家里的每个人都明白，这是提出任何需要彻底讨论的重要问题的时候。任何人都可以谈任何他想谈的话题——口红、拉丁语、男孩、家庭作业、社会事件、埃及学、女孩、棒球、假期、口香糖、联合国、衣服、礼仪、音乐课、邻居、狗、种族歧视、游泳、婴儿、战争、吸烟、约会、职业、饮酒、电影、舞蹈、人际关系、就寝规则、飞机等。我不知道今晚会讨论什么。昨晚讨论的是信仰。

在没有主题限制的情况下，孩子偶尔说的一些话，乍一听，让人觉得他径直走向了误区，这很正常。**我们已经养成了不管孩子说什么都不大惊小怪的习惯**。我认为，这是我们的餐后讨论如此有益的第一个也是最重要的原因。我从孩子那里了解到了许多生活中的真相，以及他们中的任何人在告诉我他对任何问题的确切看法时，是否存在一丝犹疑，而我之前并没有察觉到。

我们的家庭讨论会奏效的第二个原因是，**我们已经养成了对任何不重要的提议表示“赞同”的习惯，而对任何重要的提议，在进行充分的讨论和研究之前，不表示“赞同”或“反对”。**这种简单的区分重要与不重要的方法可以减少那些小题大做的琐碎争论。然而，如果要面对的问题真的很重要，我们会花大量时间来做决定。

这就引出了我们的日常讨论如此受欢迎的第三个原因。**当对任何问题进行表决时，每个孩子都投下一票，其分量与他们母亲或我的一**

票相同。令人惊讶的是，在充分考虑所有利弊之后，被赋予投票职责的孩子们，表现得相当谨慎。

偶尔我们会触及一些敏感话题。但是，还有什么地方比家里更适合讨论敏感话题呢？虽然父母可能觉得吸烟、喝酒和亲热是危险行为，但那些对青春期的儿子说“吸烟会影响你长高”和“喝酒会毁了你”的父母，或者那些试图用“和男孩接吻会毁了你”来吓唬青春期的女儿的父母，肯定会失去孩子的信任。孩子们不相信说出这种话的父母，因为父母的说法同他们从更权威的信息源了解到的和他们亲眼看到的不一致。没有必要依靠令人难以置信的话来说服孩子按照他们应有的方式生活。孩子总能为自己的做法找到很多好理由。父母们最好花时间指出事实，指出判断力和控制力的必要性，指出如何思考、该做什么和该说什么来防止事情失控，以及为什么这些预防措施是有意义的，而不是情绪激动地试图用耸人听闻的话来让孩子们做对的事。

无论你是否开家庭讨论会，如果你能逐渐养成对孩子说的话或做的事不大惊小怪的习惯，他们就倾向于告诉你他们所想和所做的事情背后的真相。如果你能养成尽量同意他们不重要请求的习惯，如果你能养成在重要问题出现时延迟回应的习惯，而不是迅速武断地做出决定，如果你能遵循古老的民主投票原则，让每个孩子在投票时都有尊严和责任感，你和孩子就可以完全自由地交换意见。

正是这种父母和孩子之间自由的讨论，使你的孩子在最需要咨询他人时，主动找你给出建议，并欣然接受。正是这种自由讨论，使你很容易与你的孩子就“什么是对的？什么是错的？”达成共识。

例如，孩子们总是想方设法找我们要零花钱，所以我们和孩子达成了一个共识，他们将有机会通过帮助我们做家务来赚钱。因此，他们学会了不再纠缠我们要钱。他们知道，想要拿到钱，就得时刻注意找事情做。

在我们的家庭讨论会上，我们讨论并就各种各样的规则达成共识，以使我们尊重彼此的权利、钱财和感情，从而和睦地一起生活。我们同意对任何违反这些规则的人进行处罚。例如，如果我的儿子说了脏话，就得拿出1块钱。如果我说了脏话，同样要拿出1块钱。我们都认为这很公平。如果两个孩子吵架了，其中一个打了另一个，打人的一方要拿出10块钱。我们都认为这很公平。在我们的日常生活中和定期讨论中，我们已经就所有此类问题达成了共识。在这种情况下，当一个人违反了大家都认同的规则时，他会心甘情愿地接受处罚，因为他参与了所有规则和处罚措施的制订。

孩子和大人一样，需要安全感。他们想知道游戏规则。一旦他们知道了规则，一旦他们知道了规则是有意义的，一旦他们对参与制订规则感到满足，他们就会心甘情愿地遵守规则。在特殊情况下，当他们因忘记规则或失去自控力而违反规则时，他们完全可以接受之前大家一起制订的处罚措施。每当他们违反了一条规则，他们会得到从轻发落。我们试图理解他们违反规则的原因。我们帮助他们做出正确的选择。我们以大家之前达成的共识为基础，说服他们尽量不要让这种事情再次发生。在这种情况下，我们极少被迫考虑在家里使用强制手段。

但重要的是，执行强制措施的一方不可缺席。如果真的到了摊牌的时候，我们要“有实力”迫使我们的任何一个孩子遵守他们已经认同的规则，并尊重他人的权利。因此，尽管在明智地使用强制手段之前，只要有可能，都要先进行说服——就“什么是对的”达成共识，并充分利用心平气和的讨论——但如果我们想要确保家庭和睦，一个“有实力”的强制措施执行者的存在是一个必要的因素。

在工商业中使用强制手段

无论你从事何种生意、行业、技术、贸易或职业，你都会立即发现，在某些情况下你可以考虑使用强制手段，但在更多情况下你不能使用强制手段。

无论你多么正确，无论你是否完美地运用了说服心理学的所有原则，如果说服失败了，你不能强迫任何人购买你的产品或服务。原因很简单，你“没有实力”强迫任何人屈服于你。但是，如果有人拒绝为你交付的货物或提供的服务付款，或者如果对方违反了任何其他有效力的商业合同，你可能不得不考虑通过法院采取强制措施。

在你与雇主的交往中，你可能是对的，你可能已经用尽了所有已知的说服手段。但是，如果你认为自己“有实力”强迫雇主做你想让他做的事，这可能是危险的。每当我听到一个人说：“如果我离开他们，一切都会变得一团糟。所以他们离不开我。”我的回答总是：“相信我……他们可以！”在你与同事的交往中，使用强制手段可能是灾难性的。在任何组织中，任何试图通过践踏他人的利益或使用任何形式的“高压攻势”来谋求成功的人，迟早会发现他已经让自己提前出局了。当他“失势”时，他在跌落的过程中遇到的人和他在上升过程中遇到的人是一样的。当然，这些人非但没有阻止他的跌落，反而帮助他跌得更重。

同时，我们都知道，在工商业领域，强制手段经常被使用和滥用，对于那些向别人发号施令的人来说，全面了解安全且正确行使这种权力的条件很重要。

雇佣和解雇的权力

拥有雇佣和解雇权力的工商业高管和其他管理人员，如果想要达到理想的结果，就必须谨慎使用这种权力。

当一个人被雇用时，雇主和雇员通常都心情愉快。但当一名员工被解雇时，这对所有相关人员来说都是一种代价高昂且令人不快的经历。通常情况下，这可以追溯到以下两个错误中的一个或两个：（1）员工从一开始就不应该被雇用；（2）员工没有接受过适当的培训。

无论你去哪里工作，你都会发现这样一种共识，即管理者最重要的持续性职责之一是，选择和培训合适的人力，以便明智地运营、管理和扩展其业务。雇主倾向于选择那些在首轮面试中“说得头头是道”的候选者来担任重要职位，却忽视了这样一个事实，即在个人面试中给人留下的第一印象最好的人往往在实际工作中表现不佳。我们很容易被某个“才华横溢”的候选者所折服，但后来发现，这个人有一种与公司里所有人为敌的能力。

每当我分析一批员工的“离职面谈”时，我都会一再提醒自己，员工的失败很少是因为能力不足。我刚刚完成的一项分析显示，**这些失败中有84%可归因于人际关系不佳，而导致的工作欲望不足。**然而，在选择员工时，行业仍然主要看重工作能力。诚然，近年来，行业已经开始重视候选人在人际关系方面的能力。但是，很少有人会在录用之前去了解应聘者内心的渴望是否与他能完成手头的工作相协调。

在观察办公室和工厂的运作时，我经常惊讶于新员工在被告知“该做什么和在哪里工作”后很少得到关注。显然，大多数管理者还没有意识到，**除非一名员工被当作人，而不是机器的一部分来对待，除非他对自己的工作相当满意，除非他觉得自己在企业中发挥着重要的作用，否则我们很可能会发现，那名员工“只会敷衍了事”。**

要记住，入职培训从入职的第一天就开始了——无论是否有明确的培训计划。如果一名员工只是被雇用，被带到他的主管那里，然后就不管了，他仍然在接受培训。他一直在无可选择地接受消极的培训。大多数员工一开始都本能地渴望在他们所从事的任何工作上做出成绩。但是，如果他们大部分时间都被忽视，其余时间只是被指派做什么，他们很快就会“只求达到一般水平”，并失去他们原本拥有的对“成功”的渴望。

在新员工入职的第一天，没有理由不向他做一个“关于公司和在这里工作的种种好处”的合理且完整的陈述。正如一位高管告诉我的：“这是一个工作的好地方。公司经营状况良好，工资优厚，有带薪假期，员工得到升职加薪的机会很多。问题是，我们对这些事情大多保密，新员工要花一年的时间才能发现这是个好地方。”主管面对新员工所要做的可能更多是调动起他的工作热情。如果主管对员工的培训方式使员工喜欢他本人，并视其为领导，那么你可以相当肯定，员工将持续渴望从事这份工作。

培训应被视为一项持续性的计划。每个员工的长远命运在很大程度上掌握在他的顶头上司手中，他的工作就是执行每一项命令；表扬某人工作做得好；对工作做得不好的地方提出建议和纠正；并日复一日地以行动证明，他关心在他监督下的每一个人的福祉和进步。据我所知，仔细的选拔和培训比任何事情都更能提高员工士气，并减少招聘和解雇过程中代价高昂的错误。但无论我们多么仔细地执行这些任务，我们可能总会遇到一些问题。

如何处理问题员工

每个有能力的管理者都应该知道：首先，在解雇任何人之前，他必须是对的，并且在员工看来他是对的。其次，如果他想得到和维持其他员工对他的善意，他必须在迫使任何员工离职之前对其表现出一定的宽容，并进行说服。这对任何企业的经营都是相当必要的。没有一家公司能承担得起与前雇员反目成仇的后果。

然而，即使那些绝对公正的高管，以及那些与员工沟通时主要依靠心平气和的劝导的高管也知道，有时他们不得不对那些对公司不公或不适合继续工作的人使用强制手段。

这里有一个例子，有个会计老是缠着他的老板，希望对方给他一个做销售的机会。最后老板同意让他去销售部“试一试”。如果他在一段时间内没有做出业绩，他将回到财务部。结果，他做销售的经历很失败。当销售经理建议他回到财务部时，这个年轻人表示不愿意这样做，尽管销售经理努力劝说他，但这个年轻人似乎不认同对方的说法，继续为他作为销售的失败而辩解，并坚持认为他应该再得到一次机会。最后，销售经理不得不迫使他调岗。起初，这个年轻人不服气。但在回到财务部两年后，他在工作上取得了一些进步，他才意识到这里才是适合他的地方。此时，他的内心重新对那位销售经理敞开。他很感激对方，能够为了他的切身利益，迫使他从事最适合他的工作。

这位销售主管善于说服别人。但当他是对的，当说服失败时，只要对公司和员工最有利，他就会毫不犹豫地使用强制手段。在他雇用一个人之前，他把雇佣条件写得非常清楚，并与新员工达成了一个完全公平公正的协议。当一个员工犯了错误，他会和他讲道理。我听到他对一个犯了错的销售说：“乔，这是可以原谅的。我们都会犯错。但让我们尽量不要再犯同样的错误。”当这个员工再次犯同样的错误时，这位主管的态度是：“乔，这种情况以前发生过。你知道，我们不能允许我们的员工一次又一次地犯同样的错误。这对公司不公平。

毕竟，我们这行竞争激烈。如果我们允许我们的员工一而再再而三地犯同样的错误，用不了多久我们的公司就会破产。乔，你有很多我很喜欢的地方，我不想被迫让你离开。如果我放任你养成任何粗心的习惯，这对你是不公平的；如果我允许你继续这样下去，对部门的其他人或我们服务的人也是不公平的。但如果你继续犯同样的错误，我就别无选择了。我可以再给你一次机会。但这是最后一次机会了。这样公平吗？”后来，乔成为他手下一名独当一面的销售精英。

我曾见过这名销售主管迫使许多人调岗或辞职，但我从来没有见过一个被调岗或解雇的人最终没有意识到这是他自己造成的，并且这样做是为了他好。这位主管很能干，也很有进取心，他的销售团队是业内发展最快的。他的团队的工资水平也是业内最高的。他有权期望自己的下属有最好的表现。他的做法是在商业中明智地使用强制手段的一个典型案例。因为他遵守了使用强制手段之前应该遵循的公平和必要条件——**与对方就“什么是对的？什么是错的？”达成了共识**；即使一个员工犯了错，他也能通过劝导来帮助对方改正；只有在一个员工一次又一次地犯错之后，这个主管才会迫使他离开。

然而，我们都知道，许多高管在处理类似情况方面并没有那么高明。如果一个人给公司带来了麻烦，你很容易就会生气，然后解雇他。但是，跟对方讲道理，并指出他的错误，这样做更经济、更体贴、更明智，还可以节省培训接替他的人的高昂成本。如果我们能意识到没有人是完美的，我们就会在处理问题之前三思而后行。通常我们解雇了一个有问题的员工，然后我们再雇用另一个员工，我们要花费一年的时间来找出他的问题。**如果我们把时间花在提升和鼓励我们的员工上，我们就会走得更远，也会获得更多的收益。**

无论你是公司的总裁、首席执行官、部门总监，还是一名主管，你都不能通过解雇员工来树立自己的品格或声望。但你同样可以通过提升和鼓励员工来实现这一点。任何人都会告诉你，把员工团结在一起的老板是无法成功的，而不这样做的老板则会被怀疑别有用心。有时你会遇到这样的情况，一个人没有把工作做好，是因为他被分配了错误的角色。如果你确信一个人在别的地方工作会更好，最好的办法就是和他谈一谈，告诉他这一点。然后帮助他重新找到属于他的岗位——在那里他会做得更好，从长远来看他也会更快乐。他会感激你和公司对他的帮助。

总而言之，你可以通过改进你选择新员工的方法来逐渐减少你的组织中问题员工的数量。你可以通过引入入职和培训计划来减少问题员工的数量，以防止优秀员工在入职后退化为问题员工。最后，对问题员工深思熟虑的处理，是为了实现以下3个目标中的一个：

- 纠正他的错误，并在他目前的工作中鼓励他。
- 将他转移到组织内更适合他的岗位。
- 作为最后手段，帮助他去另一家公司，在那里他会更快乐，会发挥更大的作用……

这种处理问题的方法将减少代价高昂的错误，为你树立个人声望，并为你的组织创造持久的善意。

第3部分

正确心态

第 7 章

如何在家庭生活中运用零冲突沟通

与我们一起生活的人

那些内心对我们封闭的人与我们的关系越亲密，我们就越难以克制情绪的影响来打开对方的内心。要做到认同内心对我们封闭的人，我们需要具备高度的自制力来使自己保持冷静，倾听对方，并给予对方正面关注。

当你的孩子打算放弃学业时

许多父母都曾为孩子的学业或职业问题而头疼，那么该如何打开孩子对我们封闭的内心呢？

最近，一位父亲来向我咨询。他的儿子在读大二，学业状况不佳，对大学生活感到厌倦，想退学参军，等退伍后再回去完成学业。这位父亲告诉我，为了送儿子上大学，家里已倾尽所有。“这就是我得到的回报，”他说，“一旦孩子从大学退学，”他继续说，“他很可能再也不会回去完成他的学业。他下周会回家。我会严厉地告诉他，军队不会征召在读大学生入伍。他想参军就得先读完大学。如果他执意退学，他就再也得不到我对他的经济支持，他可以搬出去自己过。我究竟怎样做才能让他明白，他正在做出自己人生中最糟糕的决定？”这位忧心忡忡的父亲反复说了几遍这些话，然后示意我他已准备好听一听我的建议。

我告诉他：“我完全理解您的感受。不过，您的孩子是一个独立的个体，他有自己的想法和诉求。要想打开他的内心，需要遵循以下4条准则：

“**准则1：找一个合适的时机。**当对方紧张、疲倦、饥饿或匆忙时，不要试图打开他们的内心。具体到您的儿子这件事，当您去机场接他的时候，别上来就谈退学的事。而且，虽然我知道这并不容易，但不要流露出一丝愠色，要像往常一样欢迎他回家。告诉他您对他的这个想法很感兴趣。然后再告诉他，您很乐意找个时间（在他收拾好行李，安顿下来，精神放松之后），听一听他完整的想法。

“**准则2：帮助对方证明他是对的。**不要抱着‘我才是对的’这种态度。每个人都希望自己是对的。尽量从对方那里寻找我们能认同的东西。帮助对方证明他是对的，我们就能让对方向我们敞开内心。具体到您的儿子这件事，这意味着当您同他心平气和地坐下来了解他完整的想法时，当您给予他正面关注并倾听他的诉求时，努力搞清楚他为什么会有这样的想法和感觉。尽可能认同他说的话，切勿对他说您认为他完全错了，或者您觉得他做了他人生中最糟糕的决定。

“**准则3：不要对内心封闭的人讲道理。**没有什么比讲道理更能激怒一个内心封闭的人，这就像朝反方向推门一样，只会让对方的内心闭得更紧。如果我们对内心封闭的人说的话逻辑不通，哪怕逻辑漏洞大到能‘掉下一只猫’，他们可能不觉得有多厌烦，可如果我们向他们讲一通逻辑上无懈可击的大道理，那就再也别想打开他们的内心了。具体到您的儿子这件事，不要以他还在读大学不会被征召入伍，而如果他想参军，就必须读完大学这样的理由，来说服他继续完成学业。您要做的是了解您儿子的想法，而不是证明他应该按照您的想法去做。如果您尽量从他的角度去思考问题，理解他的感受，他就会向您敞开内心。

“**准则4：不要发出威胁。**永远不要将自己置于没有退路的境地。不要说一些决绝的话。具体到您的儿子这件事，不要对孩子说您对我说的那些话，例如，如果他退学，就中断对他的经济支持，并让他搬出去自己过。他很可能一气之下，真的搬出去，而您可能会后悔说了这些话。无论何时，不给自己留余地，都会让我们自讨苦吃。

“总而言之，打开一个人封闭的内心需要足够的耐心，有时还需要投入很多时间。我们不能指望一蹴而就。但如果您能按照以上4条准则来处理这件事，而不是训斥他，或试图让他明白他正在做出自己人生中最糟糕的决定，我敢肯定您和儿子的周末谈话会达成双方都满意的结果。

“简言之，把参军的问题直接抛给您的儿子，让他来决定。一旦他知道这是一个他自己要做出的决定，他就会比以往任何时候都更认真地考虑。无论他做出什么决定，他都有充分的理由。例如，如果您的儿子选择现在参军，很可能两年的军旅生活比在世界上任何教育机构求学都更能使他变得成熟。

“我之所以对这一点如此有感触，是因为我的儿子在他的人生中也经历了类似的阶段。经过一年半的大学生活，他感到厌倦。期间，他学了一些文科课程和商科课程，但没有一门能学得好，因为他一点儿也不感兴趣。当他在第二学年的假期回到家里时，他告诉我他想退学参军。当然，我同样感到不安。但我控制住了自己的情绪，并告诉他，如果他想这么做，那就去做吧！

“他当了两年通信兵，生平第一次对电子工程产生了强烈的兴趣——他一边在电子实验室兼职，一边攻读电子工程学的预科课程，最终考进了一所全美顶尖的工程学院，并获得了电子工程学学位。后来，他在一家世界一流的实验室从事基础研究工作，并获得继续深造的机会。

“大量研究表明，一般而言，那些中断大学学业，在军队服役过一段时间或从事其他全职工作的男大学生，重返大学后的学业成绩要比那些没有中断过学业的男大学生要好得多。因为经过一番历练之后，他们变得更加成熟。

“如果您的儿子决定参军，那么他退伍后，回到大学，在最后两年学到的东西，可能比他现在带着抵触情绪完成学业所学到的还要多。如果您的儿子最终决定继续完成学业，他可能会更加努力，因为这是他经过深思熟虑后做出的决定。”

“我现在感觉好多了，”这位父亲告诉我，“这就是我要的结果。我会给予他正面关注。我会倾听他的想法。我会让他自己解决这个问题。谢谢您。”

当一个男人同他的妻子为了财务问题而争吵时

第二例子与量入为出的生活方式有关，显示了当我们试图打开自己最亲近之人的内心时，我们是如何变得情绪化，并陷入困境的。

一个男人告诉我：“最近我发现家里的财务状况越来越糟糕。于是我对正在厨房做晚饭的妻子说：‘格蕾丝，我们以后要削减开支。你衣柜里已经有那么多衣服了，根本不需要再添置新衣服。你要再这么大手大脚地花钱，你就自己付款，别找我。我们过去精打细算，一个月2000美元就够用，还能攒下一点儿钱。现在我赚得多了，反而不够花。少花点吧，行吗？’

“然后，我们吵了一架，等硝烟散尽之后，我开始意识到，也许我把我们家里的财务问题归咎于妻子乱花钱有点儿说不通。毕竟，孩子们正处于成长阶段，需要花钱的地方越来越多。我们现在住的房子比以前的更大了，休闲娱乐活动也多了。我穿的衣服更好了，去高档消费场所也更频繁了。我开始意识到我也有责任。

“所以我找到在另一个房间生闷气的妻子，对她说：‘对不起，我不该冲你发火，我也有责任。何况，吵架并不能改善家庭财务状况。'”

“好吧，别太内疚，”我告诉这个男人，“当家庭出现财务危机时，您的表现和其他男人没什么两样。你们犯了同样的常见错误。

“第一，您挑了一个错误的时间同妻子谈家庭财务问题。当时，您正在气头上，她正忙着准备晚餐。由于生理和其他方面的原因，女性比男性更懂得把握合适的时机。当一个妻子想要得到什么东西时，她很可能会等到丈夫吃饱了，放松了，变得非常好说话时才说。如果您想同妻子商量家庭财务问题，选择一个你们都感到放松的时间。然后，请她帮忙仔细分析一下家庭财务预算，努力找出削减开支的方法。当您向她寻求帮助时，给予她正面关注，听一听她的想法。

“第二，帮助她证明她是对的。不要指责她花钱大手大脚。承认您自己存在一些乱花钱的地方。

“第三，当您对妻子表示她不该再买件新衣服，理由是她已经有很多衣服时，您过早地开始讲道理。实际上，在女人买衣服、买化妆品和做头发这类问题上，都没法讲道理。即使您和您的妻子在家庭预算上达成了共识，也要给她留尽可能多的预算空间去买她想买的东西——只要不超出预算。

“第四，您威胁她要让她自己付款时，您心里清楚这根本做不到。

“随着家庭开销增多，您真正该做的可能是想办法增加收入，而不是试图削减开支。因为能削减的开支其实很有限，还会导致夫妻关系紧张。

当一个男人考虑和他的妻子离婚时

第三个例子是关于离婚问题的，这个例子比我能想到的任何其他例子都更能说明我们与自己最亲近的人之间牵扯的情感。诚然，“金钱”和“出轨”往往会导致婚姻关系破裂，但有时“许多琐碎的小事”也足以引发一场家庭战争，迫使丈夫或妻子考虑离婚的可能性。**如果有更多的夫妻通过制订一个预案来解决他们或大或小的分歧，现在的离婚率自然可以降低。**

不久前，我接到了一个朋友的电话，他希望我帮他介绍一名离婚律师。我能感觉到他真的遇到了麻烦，就请他来我的办公室聊一聊。他一坐下就开始指责他的妻子。他把这些话反复说了几遍之后，停了下来，看着我，等我做出回应。

“我一直在听，”我对他说，“你一直在说你妻子的毛病。跟我说一说她有什么优点。”他坐在那里，默然无语。

“她一定有某些优点，”我继续说，“不然，你当初为什么要娶她？”

“是的——她确实有一些优点。”他耸耸肩说。

“虽然我不是婚姻顾问，”我告诉他，“但我知道如何厘清你的问题。在我看来，你的主要问题是想办法处理你与妻子不愉快的关系。你只想到了一个可能的解决办法——离婚。当然，这是一种办法。

但这样做有很多明显的弊端。孩子怎么办？抚养费怎么办？另一个可能的解决办法是对着镜子，问一问自己，你做错了什么。问一问自己，你可以做些什么将婚姻维持下去。还有一点，你现在还年轻。如果你离婚，你可能还会再结婚，对吧？”

“是的，我想是的。”

“那么问题来了。你会再婚，然后花上几年的时间去琢磨第二任妻子的问题出在哪。毕竟，你已经知道你现在的妻子的问题出在哪。说真的，这是一个重要的问题，如果我是你，我不会贸然做出任何决定。想一想离婚的所有利弊，在纸上列出来。然后想一想维持婚姻的所有利弊，在纸上列出来。给自己充足的时间做决定。等你准备好了，再过来，我们再谈。”

几周后，这位朋友告诉我，在权衡了种种利弊之后，他决定试着和他的妻子解决问题。他告诉我：“我们的很多争吵都是为了一些小事。”“仅仅因为我们都还不够成熟。至少值得再试一次。我认为我们能够做到。”

“你当然能，”我告诉他，“有时我认为，**一个人成熟的最显著标志，就是他在努力改善处境的同时，能够接受对人生问题不完美的解决方案。**毕竟，谁是完美的呢？任何人生问题都没有完美的解决方案，因为人本就不完美。”

回顾打开封闭内心的“4个准则”，首先我们要找到合适的时机。这需要真正做到自我克制。然而，把握好时机只是一个开始。在对的时间仍然容易说错话——除非我们确实小心翼翼地给予对方正面关注。一方面，每当我们坚持认为“自己才是对的”时，每当我们试图用冷冰冰的道理来“证明自己的观点”时，或者每当我们不给自己留有余地时，我们几乎不可能打开任何人的内心。另一方面，如果我们真诚地给予对方正面关注，倾听对方想说什么、想要什么，并试着设身处地理解对方为什么这样想、这样做——简言之，帮助对方证明他是对的，那么这种正确的态度会帮我们打开对方的内心。

无论你在哪里遇到的人

我相信，一般情况下，无论你在哪里，只要你能对他人抱有正确的态度，他们都会很乐意向你敞开内心。而且，当我们充分意识到我们对他人的依赖时，对他人抱有善意，并相互给予正面关注并不难。在社会生活中，我们离不开对他人的依赖。但是，直到发生了一件几乎要了我的命的事，我才深刻地认识到，有时我们会完全依赖于陌生人。

10月的一个下午，我一头扎进长岛一处无人看守的海滩那狂暴的海浪中。我向海中游了大约500米。当我回头时，我惊恐地发现自己被海水裹挟着沿海岸线漂流。我试着往回游，但完全做不到。我很害怕，拼命往回游。我开始累了。急流汹涌，我知道情况十分险恶。我游不动了。

后来，在那片似乎空无一人的海滩上，我看到一个人。他看出我身处险境。他疯狂地、反复地指向沿海岸线的方向。于是我不再与急流抗争，开始漂流——我惊喜地发现，当我被海水裹挟着沿着海岸线漂流得越来越远时，我离岸边反而越来越近。当我与急流抗争时，急流是那么狂暴，而现在它却像一个朋友，当我随波逐流时，它把我带到了我想去的地方。

当我从海里出来，我已经漂流了约1公里，那个救了我的命的人在远处向我挥手。我也向他挥了挥手，并双手合十高举头顶，向他表示感谢，然后他消失在沙丘上。我站在海滩上，虽然仍心有余悸，但我悟出了两个人生真谛：与生活一起漂流而不是与生活相抗争，以及人对人的依赖。

当我仔细研究在同一家庭，或同一商业、教育、宗教、社会、政治、经济组织中任何两个人之间的日常关系中自然产生服务态度的条件时，我发现**一个总能带来真正合作的基本条件，即双方都意识到他们是相互依赖的**，因为他们都在为一个共同的目标而努力——无论这个目标是金钱、影响力、教育、声望、爱情、自我保护还是相互理解。

当我们把人的一生作为一个整体来看，我们可能会惊讶地发现，即使最幸运的人，在其一生中可能也有三分之一或更多的时间主要依赖他人。每当我听到婴儿的哭泣声或老人无助的叹息声，我就会想到我们每个人是多么需要依赖他人——从我们的母亲开始，到我们最后一个朋友结束。

如果没有很多人的帮衬和协助，没有人能真正享受生活，也没有人能完成许多有价值的事情。一旦我们开始感到有那么多人是我们亏欠的，我们对待他人的态度肯定会变得更加开明和文明。因为我们越是意识到我们对他人的依赖，我们就越有可能善待他人，越有兴趣更多地了解他们，越想尽我们所能为他们服务。事实上，一旦相互依赖的意识开始深入内心，这种意识就会促使我们增进对他人的理解，这样我们就可以享受更愉快和更有益的人际关系，减少与他人的破坏性冲突。总而言之，既然没有人独立生存或能够独立生存，既然我们在努力完成任何有价值的事情时都是如此彻底地依赖他人，那么任何人日常生活中都必不可少的组成要素之一就是，为了大家的共同利益，对他人抱有一种服务态度。

如果说人类的历史证明了什么，那就是**从生活中获益最多的人是那些享受服务和成就他人的人。**

记住：人们能感受到你的态度

在家里，在工作中，或者无论你去哪里，只要记住你的态度总是能表现出来，你就会更成功地打开那些对你封闭的内心。你给他人的感受比你说的话更有说服力。如果你内心光明，人们可以感受到。孩子们能感受到，甚至连一只狗都能感受到。

如果你心地纯良，如果你对他人抱有一种服务的态度，如果你乐于做任何能帮助他们充分发挥自己才能的事情，简言之，如果你给予他们渴望的那种正面关注，他们就会感受到你的真诚，他们的内心自然会向你敞开。

要始终对他人心怀善意是不容易做到的。因为我们并不是天生就会心怀善意地看待别人。恰恰相反，正如我在第3章提到的，我们在潜意识里喜欢证明别人是错的，因为每次别人犯错都会让我们觉得自己聪明。我们很容易在与他人打交道时预设立场，以至于我们无法理解为什么人们会这样思考、说话或行动。但这并不是帮助一个人证明他是错的而违反人际关系基本准则的借口。如果我们想打开一个人封闭的内心，就必须换位思考。

我们的主要问题之一是，表示“我们很忙”的时候太多——或者认为自己很忙——我们忘记了及时使用我们所知道的准则和技巧，除非我们有意识地日复一日地练习对他人抱有正确的态度，直到这成为一种习惯。

例如，一天下午，我刚刚结束媒体对我的访谈回到办公室。在采访中，我提到了自己的一本关于如何选择合适员工的书。我的秘书递给我电话，说：“这个人听到了媒体对您的访谈，想和您聊一聊。”

我脑海中浮现的第一个念头是：“好吧，这是一个新粉丝——正好可以趁机卖书给他。”

当我接听后，他并没有谈到我。他开始向我讲述他的烦恼。看来他的问题是他很难留住一个秘书，我是指，以一种令人愉快的方式。

我的第一个反应是告诉他，我经营的不是职业介绍所。但我没有说出口。我只是听着。

当他问我下午能否见个面时，我真想告诉他我还有别的按排。

但我没有说出口。我同意和他见面。

虽然这并不容易，但你写了关于这个主题的书，人们就期望你是一个有亲和力的人。甚至在去的路上，我都在想："这家伙听起来不怎么聪明。你想证明什么，你是个大人物吗？你在白费力气。"

当我在酒店前台做自我介绍时，一位老妇人走上前来自我介绍。我的到来似乎令她很高兴。"雷利博士，"她说，"您不知道我多么感激您能来这里见我的丈夫。"然后她领着他来到酒店大厅的一个角落。

"亲爱的，这是雷利博士。"她说。她的丈夫站了起来，我伸出手。当他热情地握着我的手时，我感到震惊，因为我发现自己眼前是一个盲人的面庞！

我确实很高兴我来了。我花了一些时间同他交谈，尽我所能帮助他。

那天晚上，当我上床睡觉的时候，我庆幸自己控制住了情绪，去见了这个生活在黑暗中的人。

与他人和谐相处，是一件美妙的事情。当你这样做的时候，你可以毫不费力地为他人服务，而且你往往并不会意识到这一点。这让你在内心深处感到舒服。

人们比你想象的更孤独。

在你所有的人际关系中，如果你愿意付出额外的努力，给予别人正面关注，倾听他们说什么，找出他们真正想要的，试着理解他们为什么这样想和这样做——简言之，帮助他们证明他们是对的——你就会收获向你开放的内心，更重要的是无论你在哪里，都有人向你敞开心灵。

第 8 章

如何说服他人并使其欣然接受

正如我在第3章提到的，当两个人彼此敞开内心，接受对方的观点时，他们就在朝着自由交换意见从而达成令双方都满意的共识而迈进——这正是构建所有成功人际关系的预期目的。

当我们想到生活中自己最渴望的东西，即爱与关怀、物质财富、自我满足、身体健康和正面关注时，显然，我们在多大程度上享受这些好处，直接取决于我们与自己的亲近之人、一起共事之人相处的能力。因此，本章的主要目的是探讨各种方法和步骤，以确保我们在日常人际关系中能够自由地交换意见，并达成令双方都满意的共识。

在家庭中构建成功的人际关系

新婚夫妇问题

新婚夫妇蜜月归来之后，最好在双方不紧张、不疲倦、不饥饿、不着急的时候，找个时间坐下来谈一谈，这样二人就有机会自由地交换意见，并就引起家庭矛盾的大大小小的事达成共识。

一位年轻的新婚妻子告诉我："我遇到一件令我抓狂的事，我在洗手盆里发现了一支没有扣好盖子的牙膏！""那是谁干的？"我问她，假装自己不知道。"比尔！"她气愤地回答，"我真的受够了！"

一位年轻的已婚男性向我吐露了他的秘密："每当我要开车出门时，我的妻子总会指使我在杂货店、药店、便利店或者她妈妈家附近停下来买些东西。不管我去哪儿，她总能给我安排一些莫名其妙的差事。天哪！这真让人恼火！"顺便说一句，他的妻子告诉我，她的丈夫每次洗澡时，都会把湿毛巾扔在浴室的地板上。每天早上起床时，他就把脱下的睡衣直接扔在地板上。显然，她同样很恼火！

所有这些日常的琐碎问题都应该在夫妻双方有空闲时间，且"双方都不在气头上"的时候拿出来讨论。

另一位年轻的妻子告诉我，她和丈夫某天在吃早餐时发生了口角。那天上午晚些时候，丈夫从办公室打电话向她道歉，说："对不起，我不该对你发脾气。你说今年秋天打算搬出公寓，去郊区住的时候，我想自己当时还没睡醒。今天晚饭后我们再好好谈一谈。""您丈夫的想法是对的。"我告诉她。

不过，与第一个孩子出生所带来的问题相比，新婚夫妇的问题可能就显得不那么重要了。事实上，几乎所有向我们咨询如何构建成功的家庭人际关系的人，基本都是家长。他们渴望帮助自己的孩子获得良好的教育，渴望提升自己作为家长的能力，并在孩子成长过程中发挥积极的作用。当然，家长们需要谨记一点，即孩子所接受的教育实际上是从家庭中开始的。

孩子幼年时

任何有思想的父母都渴望帮助自己的孩子独立思考并明智行动。一旦你的孩子开始运用理性来解决问题，就应该开始帮助他们自立。这一切应发生在他们上幼儿园之前。

每个母亲在孩子上学的第一天都会情绪紧张。如果孩子没有学会自己穿衣服，没有学会与其他小朋友分享东西，没有学会与新认识的小朋友相处，没有学会在其他成年人的管教下守规矩，那么上学的第一天可能会让那些“需要妈妈为他们做一切事情”的孩子承受巨大的压力，而这种压力对于他们的母亲来说同样不堪承受。如果在上学的早期，你的孩子抱怨老师，或者在做老师要求他做的事情上存在一些困难，此时最重要的是“让孩子发声”。认真听一听孩子的想法。让孩子知道你理解他，同时要让他明白，老师在努力帮助他学习，老师还要照顾这么多孩子，所以老师的工作很繁重，需要他尽量配合老师。

实际上，在上学的头几天，孩子在其他成年人的管教下守规矩的能力将面临第一次考验。如果一个孩子在家里受到很好的管教，他在学校就不会遇到什么麻烦。这就引出了一个问题：**良好的管教意味着良好的礼貌教育。**只要孩子学会了说“请”和“谢谢”，就应该开始对他进行礼貌教育。

我4岁的小侄女向我吐露了自己内心的想法，这使我明白了如何更有效地对孩子进行礼貌教育。她表示："我之所以对别人说'请'和'谢谢'，是因为如此一来他们就会喜欢我，给我好东西。"虽然她的话相当直白地道出了礼貌待人的某些好处，但有一定道理。因为同成年人一样，所有孩子都渴望得到正面关注，所以教孩子懂礼貌最有效的方法之一，就是简单而直接地告诉他，要想让别人喜欢他，就要懂礼貌。然后，让他自己试试看。一旦他开始享受这种正面关注，他就能学会懂礼貌，因为他喜欢得到正面关注。很多孩子之所以搞破坏，或者做其他令人反感的事情，是因为他们不知道如何得到正面关注。我们教他们越多得到关注的好方法，他们就越不会用其他方法来谋求关注。

良好的管教意味着教孩子听话，按照家长和老师的要求去做，以及在紧急情况下服从指令。这包括鼓励孩子独立思考，这样他们就会明白为什么家长和老师要求他们去做的事情是有意义的。例如，教孩子过马路时，家长可以这样说："你现在是一个大孩子了，明年就该上学了。让我们看一看你有多聪明。为什么过马路时，我总是牵着你的手，先在斑马线前等待，然后看路的左右两边？"几乎每个孩子都会不假思索地给出一些理由，比如："这样一来，如果有辆车开过来，我们就不会被撞。"这并不能杜绝孩子们不看路就冲到街上，或骑自行车不注意看红绿灯的情况。但是，当你看到一个孩子在做这些事情的时候，继续用提问的方式来引导他，肯定能帮助他把事情想清楚，记住他们已经知道的事情，这样就减少了他们受伤的概率。

孩子读高中时

一旦孩子上高中，你自然开始担心孩子能否在学业上取得足够好的成绩，以进入理想的大学。虽然学习本身是孩子的事，但父母有责任帮助孩子充分认识到这个问题的重要程度。

父母的正确监督会让孩子喜欢上学。很多青少年从高中辍学的主要原因是他们觉得上学无聊，他们没有看到他们的学业和他们真正想做的事情之间存在任何联系。**对高中生进行学业监督最重要的一步，就是让你的孩子开始思考他想做什么。**一旦你的孩子开始思考他想做什么，他就应该非常清楚，不管他想做什么，他至少需要接受高中教育。当引导你的孩子沿着这个这个路径去思考时，请务必牢记：**不要催促！**

遗憾的是，高中生面临巨大的压力，他们要决定自己在以后的人生中想做什么。不仅他们的父母，还有他们的同学、朋友、亲戚，甚至是他们在公交车上遇到的熟人，都想知道："你将来想做什么？"很有可能你的孩子还不知道。即使他认为自己知道，在接下来的几年里，他也可能会改变十几次想法。然而，当人们问他"你将来想做什么？"。他回答"我想成为一名医生"或"我想成为一名律师"或"我想成为一名电子工程师"时，人们会说"哦，那太棒了！"但如果孩子诚实地说"我还不知道。我还没想好"，人们只会说"哦"。这就是促使高中生过早做出决定的原因。

我认识一个刚从高中毕业的年轻人，他告诉大家他想成为一名外科医生。他根本没有想清楚。现在他正在上医学预科，可他很讨厌这些东西。然而，他仍然在做各种不合理的尝试来坚持学医，仅仅因为他坚持扮演父母和亲友期望他扮演的角色。父母往往在没有充分意识到这一点的情况下，倾向于主导而不是引导孩子的职业选择。一些父母已经意识到，除非孩子对某个领域充满热情，否则他不可能在该领域做得很好。事实上，我们能为孩子做的最好的事就是，帮助他们确定自己的兴趣，并找出他们真正想做的事。

你的孩子可能会告诉你，他根本不知道他想做什么。

不过，任何一个高中生，只要他肯沉下心去思考，他就会对自己有很多了解。他知道自己在学校里最喜欢的课程是什么。他知道哪些兼职工作（如果有的话）让他感兴趣。他知道什么爱好和什么课外活动让他觉得最有乐趣。他知道自己喜欢读什么书。他知道自己崇拜的成年人从事的是什么职业。如果他花点儿时间把这些兴趣写在纸上，他肯定会设法让自己朝着正确的大方向前进。所谓“正确的大方向”，我的意思是他的兴趣可能指向一个广泛的大领域，如商业、教育、工程、科学、法律、新闻或医学。即使他仅仅知道自己不喜欢某些领域，这也会帮助他缩小自己的兴趣范围，并从总体上确定自己喜欢什么。

即使你的孩子确实选择了一些他觉得可能会感兴趣的领域，但这并不意味着他就会把自己以后的人生都奉献给该领域。而且，这也不意味着，他毕业后不从事该领域的工作，他所接受的教育和训练就会白白浪费。事实上，我是一名工科生，虽然从未做过工程师，但我几乎在自己做的每件事上都用到了我所接受的工程学训练。所以，**无论你的孩子选择什么大学专业，都应该把它视作一条通往许多可能职业的宽阔道路。**人类所从事的任何领域都有许多细分领域，通常，一个人必须先进入这个领域，才有机会发现他最感兴趣的是哪个细分领域。

来看几个例子：

和我一起共事过的两个年轻人都对地质学感兴趣。他们现在一个专门研究埃及学，一个从事石油勘探设备的研发。

另一个年轻人对会计学很感兴趣，他曾在一家食品公司担任总会计师，而目前他在一家医院担任业务经理。

一位对新闻学感兴趣的女孩现在是一家广告公司的文案策划。一个学习机械工程的年轻人，后来读了法学硕士，现在是一名专利律师，专门处理涉及技术专利的案件，同时用到了他所接受的工程学和法学训练。

这些人在读高中时都不知道自己要选择的具体领域会是什么。

选择职业就像买一顶新帽子。通常我们必须试戴几顶，才能找到最适合我们的那顶。大多数人在找到自己最擅长、最喜欢，且对自己更重要的工作之前，都会尝试几份工作。一个年轻人在高中毕业一周后告诉我，他最想从事的工作就是体育记者。他曾是高中校报的体育编辑，他很喜欢这份工作。一年后，他在一家报社做了一名抄写员后，他改变了想法。他决定成为一名电视台主持人。他在一家电视台找到了一份初级助理的工作，并在晚上学习主持技巧。但他随后发现，电视台主持人这个行业的竞争非常激烈。于是他又改变了想法。他决定去做电视直销。他后来成为一名金牌销售，看起来他终于找到了一个让他充满激情的职业。

这样的例子不胜枚举，足以说明任何人都可以在各种各样的职业追求中获得快乐和成功，关于一个人职业选择的问题没有唯一的答案。因此，明智的父母不会催促他们的孩子过早地做出决定，而是会引导他们的孩子沿着正确的路径去思考。记住，你的孩子是一个独立的个体。这意味着，在某些方面，他不同于任何曾经生活过或将要开启生活的人。他有他自己的思想、渴望、梦想，以及自我表现的能力。**如果你能帮助孩子展现个性，孩子会永远感激和敬重你。**

孩子高中毕业后

当你的孩子高中毕业时，这代表他生命中一个明确的转折点，也是你对他人生影响的转折点。

无论他选择先找一份工作，然后在晚上继续学习，还是读一个全日制大学课程，他都进入了一个新的生活阶段。在这个阶段，他变得更加依赖自己和自己的判断，而更少依赖父母。理应如此。毕竟，任何正常的男孩或女孩在青春期后期都准备好而且有能力——并且渴望——开始肩负起成年人的责任。简言之，当你的孩子高中毕业时，他就进入为成年做准备的第三个，也是最后一个阶段。这个阶段包括对自己的行为完全负责，并有能力在没有父母监督或经济援助的情况下养活自己。

父母在帮助他一步一步地肩负起成年人的义务、挑战和责任时，明智的做法是在他还在读高中的时候，同他讨论高中毕业后的计划，具体到可预见的个人和经济责任。如果他要上大学，明智的做法是算一下他读大学的费用，并就你愿意支付的部分和他通过兼职赚钱来支付的部分达成一致意见。即使你有能力支付他读大学的全部费用，也不要错误地剥夺他从逐渐肩负起成年人责任中获得的个人满足和成长。

许多父母存在的一个问题是，他们送孩子上大学并支付所有账单。在这种情况下，孩子不太可能有动力去学习，并取得好成绩。不过，如果他认为他需要大学教育来做他想做的事，他更有可能取得好成绩并完成他的大学学业。他是否愿意用自己的钱来支付一部分费用，这是对他接受大学教育的意愿的一个很好的检验。

如果你的孩子打算在高中毕业后找一份全职工作，鼓励他在业余时间继续充电，提升自己，为下一份工作做好准备。重要的是，帮助孩子树立起终身学习的观念，这样可以使他找到最能发挥自己能力的地方。

让你的儿子或女儿明确一点，即无论他或她何时决定结婚，这都代表他决定承担成年后的所有个人和经济责任。事实上，对已婚的孩子继续定期甚至频繁地给予经济支持，会带来很多问题。有时候我觉得父母潜意识里很享受成年子女仍然依赖他们的感觉。但任何真正智慧的父母不会以牺牲孩子的成长和成熟为代价来满足自我。

当孩子从生命早期逐渐走向最终独立的阶段时，那些培养孩子独立思考问题的父母可以为他们所做的工作感到自豪。当你的儿子或女儿结婚并开始组建自己的家庭时，**他对父母智慧的深切感激也有助于他成为一名睿智的家长。**

在工作中构建成功的人际关系

无论你现在是一名基层员工，还是一名管理者，你都渴望获得加薪，并希望享受由升职带来的声望和自我满足。

主要问题是：如何让你的老板觉得你配得上升职加薪？

任何一个员工，不管他的职位有多低，都可以通过想出好点子来获得到老板的青睐，并最终获得升职加薪。你在什么岗位工作并不重要。有一点是可以肯定的——**你的公司渴望你提出建设性意见，要么帮公司赚钱，要么帮公司省钱。**作为一名商业和职业顾问，我的工作让我接触了很多不同类型的公司。每当我遇到一个以能提出好点子著称的人时，我总是问那个人："你的方法是什么？"我从这些做得非常出色的人身上所学到的东西可以归结为以下3个简单的技巧。

1. 假设你拥有这家公司

许多成功人士告诉我，如果你渴望想出值钱的点子，首先也是最重要的是要确保自己进入正确的心态。

“我们可以这样想，”一位30出头的生产部副经理理建议道，在过去的3年中，他已经连升两级，他的收入几乎翻了一番。“假设我的车曲轴箱漏油。我想你不会太担心。但假设你的车曲轴箱漏油。你一定会想办法解决！因为那是你自己的车！漏的是你自己的油。浪费的是你自己的钱。

“我在这家工厂做了多年包装生产线工人。每隔一段时间，我就会看到‘漏油’情况，也就是看到生产线末端的废品堆积，但我从来不作他想。我看不出这些东西对我有什么影响。在我结婚一年后的一个晚上，我的妻子告诉我我们要有孩子了。我们给每个亲人都打了电话，告诉他们这一喜讯。随后，我开始意识到我要为孩子的降生攒钱。等孩子一出生，我们可能就得搬到一个更大的房子去住。在反复琢磨了很久之后，我得出了一个惊人的结论：我必须去找老板要更多的钱。

“然后我花了几个星期的时间来构思我该对老板说些什么，以及说动他的最佳时机。但是，当那个对我来说关系重大的面谈结束时，老板说他所能做的就是重复几年前我刚来这里工作时他对我说过的话——对于来这里工作的人，只要能找出更好的做事方法，以及省钱和减少浪费的诀窍，就像他拥有这家公司一样，这里有很大的升职空间。

“我就像第一次听到他说这番话一样。因为我从来没有完全理解他这番话的含义。我之所以没有理解，是因为我以前从不需要赚额外的钱。但在那一刻，他的话击中了我。我开始按他给出的思路去思考问题，于是开始有了一些好点子。

“我记得我提出的第一个点子。我所在生产线上的信封送纸器过去经常会堵塞，我们不得不关闭生产线，直到把堵塞物清除。我发明了一个小装置来改进信封送纸器，最后成功了，之后很少出现堵塞情况。仅凭这一点，加上其他一些小小的改进，就提高了我这条生产线的产量，不久我就获得了第一次升职——当上了车间主任。”

这个年轻人的故事并没有什么特别之处，和我从其他许多人那里听到的故事本质上是一样的。他们的进步和升职始于他们让自己进入正确的心态，并开始对尽一切可能削减开支和改进做事方法产生兴趣。你不需要成为一个高手才能做到这一点。你不需要非常聪明。任何时候一个人看到他的钱被浪费，他自然会做点儿什么。事实上，**当你开始像自己拥有这家公司一样思考和行动时，你就会自然而然地在工作中获得好点子。然后这种情况为你打开思路。**

2. 在把你的点子告诉老板之前先测试一下

无论你何时想出了一个好点子，在你把它告诉老板之前，在合理的时间内，在日常工作条件下尝试以不同的方式来应用它，这终归是一个稳妥的做法。

有一个年轻人，从人事部的职员做起，一直做到了公司的人事主管。他对在实际工作条件下测试每一个新点子非常着迷。他最初想出的点子之一是对公司的考勤方式做一个小改进，以解决员工漏打卡的问题。“但在我把这个点子告诉老板之前，我花了几个星期的时间来研究它，并证明这样做是行得通的，”他告诉我，“有几次，我在一个点子上花了好几个月的时间才感到满意，觉得它已足够好，可以向老板提出。”

如果说我从那些能经常想出好点子的人身上学到了什么的话，那就是——他们都是那种经过深思熟虑之后才提出自己想法的人。他们几乎都强调这样一个事实，即**你不能指望别人帮你实现你的点子。**不管一个点子看起来有多好，把它提交给你的老板或其他人，然后坐下来等待美好的事情发生，是一个错误。

例如，一家大型工业企业的销售经理告诉我：“以前，作为销售部的一名低级助理，我经常把我认为非常好的点子告诉上司。但是接下来什么都没发生。有一天，我提出要削减销售人员的车辆费用，但没有人按照我的想法去做，我很生气。我决定做点儿什么。我试图证明自己的观点。后来，在深入研究所有事实之后，我提交了一份完整的计划，表明我们可以确保每个销售人员都有一辆状态良好的车，而且如果我们从租车机构为每个销售人员租一辆车，而不是为销售人员使用他们自己的车支付里程补贴，对公司来说会更经济。我的计划被采纳了。从那时起，我总是自己把点子付诸实践，而不是指望别人来为我实现。我想那是我在这家企业真正开始进步的时候。”

俗话说，孩子都是自家的好。人们都爱惜自己的点子。所以下次当你有一个好点子的时候，**记住：这是你的孩子。不要指望别人来帮你把他养大。不要指望你的老板或其他人会对你的点子感到兴奋，除非你已准备好向他展示它是如何运作的，以及为什么他和公司会从中受益。**

3. 不要把你的点子视为完美的答案

即使你已经想出了点子，到了向老板展示的时候，也不要表现得好像这就是完美的答案。没有完美的答案。如果你的老板或其他人提出了修改意见，不要轻易表示反对。倾听，然后充分考虑他人的意见，并尽一切努力改进你的点子。毕竟，没有人能垄断好点子。我认识一个油漆制造商的生产控制办公室的助理。他制订了一个新的质检方案，旨在加强质量把控。当他提交方案时，他的老板指出其中有一些“漏洞”。这名助理不认同修改意见，整个讨论无果而终。

“几天后，”这名助理告诉我，“我冷静下来，开始意识到我错了。我在新方案上投入了大量时间，我原以为老板会对它充满热情。所以当他挑毛病时，我有些恼火。现在我可以看出他提到的一些问题是正确的。如果我能听进去，然后按照我应该有的态度和他谈一谈，我想我就能让这个方案获得通过，尽管可能会做出一些修改。”

问题是，每当我们在工作中提出一个点子，有人挑毛病时，我们的自然倾向是为自己的点子辩护，结果我们与他人陷入争论。因此，当有人提出异议或建议时，倾听是很重要的。你完全有可能学到一些东西来改进你的点子。不管你是否认为自己百分之百正确，姑且相信对方。很可能对方并不完全错。给对方足够多的时间来充分表达自己的看法。不要在对方说了一半的时候打断他——不管你的反驳有多聪明，或者你有多不耐烦。**毕竟，关注对方并倾听对方的意见是你能给任何人的最大尊重之一。**

当你向别人表达自己的看法时，如果他提出了一个你不同意的观点，在你试图回应他之前，挠挠头，仔细想一想他说的话。你甚至可以告诉他，“这里面可能有些东西”，你可能想“好好考虑一下”，这样你就可以充分思考他的观点。这种“延迟回应”会让对方知道你在思考他说的话。如果你花足够多的时间去思考对方说了什么，他会倾向于对你表现出同样的礼貌。当两个人彼此敞开内心，接受对方的观点时，他们就在朝着自由交换意见从而达成令双方都满意的共识而迈进。要以退为进，不要因为固执己见而危及你的整个主张。问一问自己：“我能在这一点上让步，但仍能实现我的主要目标吗？”

简单总结一下，无论你在什么岗位工作，如果你通过假设自己拥有这家公司进入正确的心态；如果你对自己的点子深思熟虑，并在告诉老板之前进行测试；如果能倾听他人的意见，并将他们的意见融入到你的点子中，来使大家达成共识，你会发现你的点子和方案的很大一部分得到采纳，你将更有可能获得升职。

然而，一旦升职的时机来临，当你开始为别人的工作负责时，你会发现自己面临着一系列全新的问题。事实上，如果你目前在商业、工业、教育、政府或任何人类组织中担任或希望担任任何涉及对他人工作负责的职位，从第一线的监督到组织的负责人，你最好认识到，在这样的工作中，你最重要的是职能通过引导他人圆满地完成工作来完成你自己的工作。这包括对人员的成功选择、培训、提升和评估。

挑选合适的员工

我经常被找去帮助管理人员处理"问题员工"，而这些问题案例中的绝大多数都是由那些不适合当前工作的员工构成的。

当一个人从事他不喜欢的工作时，他的反应是情绪不稳定和精神紧张。他很容易疲劳，有时还会出现消化不良、失眠，以及溃疡等状况。当他继而感到沮丧时，他会变得逆反、不合群、愤世。这样的人无法完成令你满意的工作。

如果一个人喜欢他的工作，并且适合这份工作，那么引导他在工作中表现良好是相对容易的。任何组织中的大多数培训问题都可以追溯到雇用了那些无法胜任该工作的人。换句话说，当我们雇用了一个不适合某工作的人时，我们实际上在对员工的培训和提升以及员工士气方面制造了大部分问题。

这就引出了一个基本问题："是什么使一个员工在工作中表现得聪明？一个人在任何工作中取得成功的基本要素是什么？"

当我在大学担任研究人员时，我第一次对这一主题产生了兴趣。我发现，许多显然有能力成为工程师的工程专业毕业生并不想成为工程师，大约2/3的毕业生最终从事了工程师以外的工作。很明显，成为工程师的能力并不是选择工程专业的学生时要考虑的唯一重要因素；成为一名工程师的意愿也很重要。后来的研究表明，那些拥有与他人相处能力的人比那些缺乏这种能力的人进步快很多。

从进行这些早期研究到现在，我们已经收集并研究了数千例在工业、商业、批发、零售、政府机构等各行各业的组织中不同类型的人，我们已经发现，无一例外，当一个人有能力做当前的工作，当他渴望做这份工作，当他有能力处理工作中的人际关系时，他就会做得很出色。所有这些似乎都是不言而喻的。但真理总是简单的，一旦被揭示就容易得到认同。每个人都知道，世界上到处都是拥有各种能力的人，但他们很少表现出运用或发展这些能力的欲望，与他们想要做的事相比，他们完成的事很少。众所周知，我们经常会发现一些“专家”，他们在智力上很强大，在人际关系上却很低能，因而浪费了自己的天赋。

每个雇主都清楚，当员工想要做好工作时，他就已经成功一半了；当员工有想要把事情做好的欲望时，他们就会很自然地去发展自己的能力，改善与同事的人际关系。不喜欢自己工作的人，在任何工作环境中都容易出现情绪不稳定，出错时责怪别人，导致其他员工士气低落。许多研究证明，员工的“失败”很少是由于他们的能力不足。正如我第6章提到的，**在工作中缺乏工作欲望和糟糕的人际关系是大多数员工失败的基本原因。**

当然，许多公司在挑选成功员工的过程中没有经过深思熟虑的一个最重要的原因，就是他们严重低估了雇用或提拔错误的员工所付出的代价。但是，在选择员工时，最昂贵的错误，也是最常见的错误之一，就是仅仅因为一个优秀的生产线工人本职工作做得好，就把他提拔到主管的位置。然而，一个员工作为个人把工作做好的能力与他监督他人和通过他人来完成工作的能力之间并没有必然的联系。选错办公室经理、销售经理、生产经理或任何其他类型的主管或管理人员的成本都可能是巨大的。

为了解决这个问题，我建议在测试任何人是否适合任何工作之前，有必要在纸上写下一份经过深思熟虑和精心准备的说明，明确这个员工在工作中应该做什么。从这份职责说明中，你可以进一步阐明为了在这份工作上取得成功，所需具备的能力、欲望和人际关系方面的素质。也只有这样，你才能敏锐地发现应聘者是否具有潜在能力、欲望和人际关系方面的素质，使他在这份工作中获得快乐和成功。

能力

判断一个应聘者是否具备完成某项工作的潜在能力相对简单。

当你寻找一分钟能打60个字的打字员时，把一台打字机放在候选人面前，看一看她能打多少字，这是一件很简单的事情。这就是所谓“工作样本”法。人们普遍认为，当你寻找一个具有某种身体技能的人时，你所要做的就是让他试一试要做的工作，然后根据他的表现来判断他是否适合这份工作。

然而，当涉及一个以智力为主要要求的工作时，大多数雇主似乎都很困惑。他们似乎忽视了这样一个事实，即无论在任何工作中涉及何种智力和身体能力的组合，你想要发现的是一个人是否能够解决工作环境中的问题。最简单的方法就是让他处理这些问题的一个样本。

例如，在会计或统计部门的一些文书工作中，涉及简单的算术问题，一定程度的脑力技能是主要要求。我们很容易就能列出一些在这类工作中最常遇到的典型算术问题，然后根据候选人解决这些问题的速度和准确性来判断他的能力水平。

在为几乎任何类型的销售组织挑选全职销售人员时，明智的做法是挑选那些已经证明了自己有销售能力的候选人。然而，不同类型的销售工作需要各种各样的智力能力。在挑选拜访药店、杂货店和超市的销售人员时，你希望他们有促销能力来促使消费者快速清空货架，并有足够的文书能力来记录商店的库存。但是，为了销售技术产品，在选择拜访各种类型的销售工程师时，你需要那种具备高度分析能力的员工，这样他们才能亲自观察产品可能的使用情况，认识和确定所涉及的任何问题，考虑这些问题的各种可能的解决方案，权衡各种解决方案的优缺点，并向客户或潜在客户推荐涉及其产品使用的最佳解决方案。在这里，我们发现通过制作工作样本来测试候选人的能力并不难。甚至在挑选担任高级管理岗位、行政岗位或富有创造性的岗位的人选时，也可以使用相同的工作样本方法。

如果你正在为一家工厂招聘生产总监，你问一位应聘者："你将如何着手在我们厂开发和运行一个生产计划和控制系统？"他对这个问题的回答本身就会在很大程度上影响到你是拒绝他，还是进一步考察他。

在挑选高级营销经理时，如果你向他提出一个样本问题，比如："中西部的销售额下降了，你认为我们应该采取怎样的措施？"从他对这个问题的回应中，你可以看出他的思维过程是否与你在营销产品时遇到的问题相同。如果你要招聘一名极具创造力的文案、美术师、机器设计师或任何其他类型的创意工作者，你可以通过向候选人提出一些他在特定工作中必须解决的样本问题，来判断他的能力。

尽管如此，我们仍然发现常规能力测试在工业领域广泛使用。教育家和心理学家已经开发了数百种旨在测量一个人的总体智力水平的测试。这些测试已经被许多忙碌的管理人员接受和使用，作为测试智力水平的一般手段。我并不是说这些常规智力测试没有价值。但是，它们通常不足以满足工商业领域实际的日常招聘工作。几乎所有常规测试都会淘汰一定比例的不适合任何工作的人。不过，采用一个简单的、专门设置的，包括特定工作中遇到的典型问题的测试，通常甄别出合适人选的概率最高。

欲望

求职者是否具有从事某项工作的潜在欲望值得你格外关注。因为我们知道，欲望是人类所有行为的驱动力。一个人希望得到什么，希望避免失去什么，这取决于他的整个人生观。如果一个人对每年赚1万美元就已感到满足，那么很难让他付出努力去赚2万美元。如果一个人对享受管理岗位的声望不感兴趣，那就很难让他承担与此岗位相对应的责任。一个人的生活标准是什么，他的品味和价值标准是什么，他最感兴趣的是什么，他看重的是什么，他是否认重视自己的人生，他是否清楚地知道为什么而活，这一切都对他内心深处的欲望有着根本的影响。

有些人早上起床汇报工作，因为他们有自己真正想做的事情。但是大多数人挣扎着起床汇报工作，因为他们习惯了这样做，或者因为他们害怕如果他们不按时汇报工作，他们可能会失去工作和由此带来的收入。有时工作的报酬是计件制的，或者是提成制的，或者遵循其他形式的激励机制。候选人的经济欲望对他在工作上的努力程度有着重要影响。有时候，你寻找一个候选人，不仅仅是为了填补一个职位空缺，也是为接下来的工作做储备。然后，还涉及一个更深层次的问题：“他是否愿意全身心投入到接下来的工作中？”

在探索人们的欲望时，最好认识到，不是每个在组织中工作的人都想当总裁。实际上，大多数人根本不想为别人的工作负责。我和许多不想当工长的工人谈过。我认识许多销售，他们不想成为销售总监，甚至不想成为销售主管。许多文员对继续担任文员相当满足。不是每个车间主任都想当生产经理。有能力为公司进行基础研发的员工可能不想从事行政工作，也不想一边搞运营或管理一边搞研发。

让我们面对现实。大多数人似乎并不渴望在任何领域取得卓越的成就，而取得这种成就通常需要我们全力以赴。在与工作经验不足的应聘者交谈时，最好记住，大多数人必须从事过几份工作，才能开始从实际经历中了解到自己最擅长的工作是什么，以及自己最想从事的工作是什么。在为办公室和工厂的许多岗位招聘员工时，有时可以在头几个月让新员工接触多种岗位，然后与他们谈一谈，以确定每个人最喜欢的岗位。许多大公司在给大学毕业生分配明确的任务之前，会先在各个业务部门试用他们。如果条件允许，推荐这样做：让求职者接触组织中似乎与他们主要兴趣大致相关的各种岗位，然后让求职者选择他最感兴趣的岗位。然而，这并不总是可行，我们不得不依靠其他方法来预先测试候选人的欲望。

我们发现，在试图了解一个人潜在的工作欲望方面，一些测试性问题是最有效的：

- 假设你已经实现了经济独立，可以完全自由地做你想做的任何事情，如果有的话，你会选择什么职业?
- 是否有什么事情让你非常感兴趣，以至于你失去了时间感，忘记了看时间?
- 你曾经建造、发明、写作或创造过什么特别让你满意的东西吗? 你认为这是属于你自己的东西吗?
- 你怎样度过你的业余时间?
- 你觉得最艰难的一次工作经历是什么? 为什么?
- 什么工作最让你感兴趣? 为什么?
- 尽可能具体地说出你觉得自己会对哪些不同的工作感兴趣。
- 把这些工作按你喜欢的顺序分类。
- 在回答上一个问题时，列出每种工作的优点和缺点。最简单的方法就是在一张纸中间画一条线，在上面写下这份工作的类型，在右边说明这份工作的优点，在左边说明它的缺点。
- 在分析了每种工作的相对优点和缺点之后，关于你认为最适合你的那种工作，在表格上，得出你自己的初步结论。讲一讲你为什么会得出这个结论。

我们发现，这类问题最能成功地揭示一个人内心深处的欲望，揭示他是否真的想从事某种特定的工作，以及他是否确信这种工作的重要性。

在这一点上，一些读者可能会问："很多人难道不会拿他们的答案蒙骗你吗？"

第一，我们不能根据一个人对某个问题的回答来判断他。一般来说，至少有5个"核问"题，因此，任何不熟悉答案意义的人，如果试图"蒙混过关"，就会把搞得一团糟。他对所有问题的回答必须是一致的，有意义的。第二，任何没有经验支持的答案都会被认为是"猜测"。第三，对任何人的最终判断绝不仅仅基于这些测试。但撇开测试中所涉及的所有核问和双重核问，就我们而言，我们发现完全不诚实的人相对较少。我们还发现没有必要使用欺骗性的问题、难以理解的问题或兜圈子的问题。当一个人处于放松状态的时候，他喜欢表达他最感兴趣的事情、他想做的事情、他相信的事情。

人际关系

当要了解应聘者是否有能力处理工作中的人际关系时，你可以相当肯定地说，任何从事他喜欢的工作的人——他能做并且想做的工作——通常在工作中很容易相处。然而，根据当前的工作要求，提前核查候选人处理人际关系的技能仍然很重要。

几乎所有人都认识到，在销售、管理和监督工作中需要员工具备人际关系方面的高超技能，但许多雇主错误地认为，在“内部”工作中，人际关系并不重要，因为员工“靠的是自己”或对他人的工作并不负有责任。然而，每一份工作都对人际关系有要求，这一点不容忽视。

有许多“人格”测试，其中包括人际关系问题，并涉及对这些问题的答案进行评分的标准化方法。如果判断一个人在各种工作中的人际关系都能这么简单，那就太好了，但事实并非如此。如果你想判断一个应聘者在工作中遇到特定情况时处理人际关系的能力，你可以问他在这些情况下他会如何应对。例如，在与一家著名杂志的广告位销售岗位候选人交谈时，你可能会问：“你如何在不冒犯广告经理和广告位买家的情况下，拜访所有影响广告位购买的高层管理人员？”如果你正在考虑一位应聘一般管理、销售、生产或会计等管理岗位的候选人，你可以问对方：“你是如何在一个部门引入一个新点子或落实一个新方案的？”他对这个问题的回答就会让你看出他在获得初级主管、主管和其他部门员工的通力合作方面的熟练程度。

除了这些具体的问题，你还可以用一些一般性问题来揭示一个人对他人的态度。例如，如果你问一个人为什么离开上一份工作，或者如果他现在处于在职状态，为什么要离开现在的公司，有时你会发现他对现在或以前雇主的态度是否公平，以及他处理人际关系的能力是否足够好。最好与候选人的前任或现任老板沟通一下，无论面谈还是通过电话，以了解候选人在工作中与其他人相处的能力。

其他的一些一般性问题，我们已经成功地用在了与候选人的“开场白”中，包括：

- 你喜欢和别人一起工作，还是喜欢单独工作?
- 你喜欢主动去见别人吗? 还是说，你更喜欢别人主动来找你?
- 你喜欢说服别人接受你的观点吗?

一个人就这类问题回答了多少通常很重要，原因很简单，人们对自己最喜欢或令自己愉快的话题最有发言权，而关于人际关系的问题会引起那些擅长处理人际关系的人的共鸣。当然，一个人对问题的回答质量同样重要，如果不是更重要的话。例如，如果一个人告诉你，他喜欢主动去见别人，但没有提供任何背景资料来支持这一点，你自然会质疑他的说法。不仅要看一个人的说法，还要看他拿什么来支撑他的说法。

培训和提升合适的员工

即使我们为一个岗位成功地选择了一个优秀的候选人，重要的是要认识到，任何被你的组织雇用的人都想知道两件主要的事情：

- “你想让我怎么做——就最终结果而言? ”
- “我做得怎么样? ”

具体来说，任何员工都想知道他在工作中应该完成什么。一个生产工人想知道他一天达标的工作量是多少。一个外部销售人员想知道他一天应该打多少个电话，他的销售配额是多少。一个管理人员想要知道他应该在什么成本范围内周期性地产生什么样的最终结果。无论你是否有正式的培训计划，对每个新员工的实际培训从他工作的第一天就开始了。他是否一开始就做得很好，主要取决于他的顶头上司如何对待他。

你知道这是实际情况。如果你的顶头上司让你觉得你的表现很重要；如果他很清楚团队中的其他人如何依赖于你的工作；如果他告诉你他想让你做什么，你到底该怎么做；如果你遇到麻烦他能帮助你；如果他向你展示了他所说的一切，并且对你个人和你的前途很关心，你一定会喜欢这个人，你真的想为他做任何你能做的事。

在培训任何人从事任何工作时，明智的做法是让培训专员指出："我告诉你关于这份工作的任何事情，都是为了帮助你。工作指导手册是根据我们迄今为止的经验编写的，代表了我们所知道的完成这项工作的最简单、最快捷以及最恰当的方法。不过，这并不意味着我们觉得我们目前的方法是完美的，或者没有改进的余地。无论工作指导手册编写得有多么仔细，总有改进的余地。在你接受了充分的培训并工作了一段时间之后，我们将欢迎你提出任何可以把工作做得更好的建议。事实上，你会发现我们很乐意听取任何在这里工作的人的建议——任何建设性的建议，因为我们都希望使我们的工作尽可能愉快。"

然而，尽管我们很好地向员工展示了他们在工作中应该做什么，但我们应该认识到，大多数主管和高管在月复一月、年复一年地跟进员工的培训和提升计划方面做得都不够。每个员工都想定期地知道：

“我做得怎么样？”如果他是新来的，他希望你每天或每周都让他知道他的工作表现如何。无论员工为你工作了多久，他都需要定期向你了解他的工作表现。

在任何组织中，每一位高管或主管都应该与每一位向他汇报的员工面谈，至少一年一次，最好每8个月一次，谈一谈该员工的优缺点。然而，令人惊讶的是，在工商业领域，这种对员工培训和提升至关重要的后续工作很少得到实施。你有多久没有和老板进行这种有益的、建设性的谈话了？

以下是一份定期评估员工工作表现的表格，你会发现它对你和每个向你汇报的员工的定期谈话很有帮助。

<table>
<tr><th rowspan="2"></th><th>工作职能</th><th colspan="4">目前工作表现</th></tr>
<tr><th>最终结果</th><th>优秀</th><th>良好</th><th>一般</th><th>差</th></tr>
<tr><td>1.</td><td></td><td></td><td></td><td></td><td></td></tr>
<tr><td>2.</td><td></td><td></td><td></td><td></td><td></td></tr>
<tr><td>3.</td><td></td><td></td><td></td><td></td><td></td></tr>
<tr><td>4.</td><td></td><td></td><td></td><td></td><td></td></tr>
<tr><td>5.</td><td></td><td></td><td></td><td></td><td></td></tr>
<tr><td>6.</td><td></td><td></td><td></td><td></td><td></td></tr>
<tr><td colspan="6">为了在目前的工作中有更好的表现，或者为接下来的工作做准备，双方对怎样的自我提升计划达成了一致意见?
____
____
汇报人：______________________________
会议日期：______________　主管领导：______________</td></tr>
</table>

一般说明：此表格的目的是帮助你，作为主管或行政人员，每6个月评估一次每个向你汇报的员工目前的工作表现，并在面谈中与对方达成共识，就他可以遵循的具体计划来提高他的工作表现。

对该员工应履行的职能的正式说明要附在此表格上，并作为谈话的依据。

每次谈话大致可以分为以下6步来进行：

第一步，肯定甚至表扬对方在工作中取得令人满意结果那部分的良好表现。

第二步，让对方注意到他在工作中没有取得满意结果的部分。

第三步，与对方进行讨论，并就导致不令人满意结果的原因达成共识。例如，是由于一些个人无法控制的情况吗？或是由于缺乏欲望，缺乏能力，抑或是在完成那部分工作时缺乏良好的人际关系？毕竟，我们的工作中总有某些部分是我们最喜欢的，而有些部分由于某些原因则被我们忽视。

第四步，与对方就问题的界定达成共识。例如，一名销售人员可能会享受与销售电话相关的高百分比的销售额，但他可能不会每天或每周打电话给足够数量的潜在客户。一名生产工人可能生产出足够数量的成品，但“不合格率”可能太高。一名办公室职员可能做每件事都非常精细，但他可能没有完成他应该完成的工作。一名销售经理可能很好地完成了总销售目标，但他的销售成本可能太高了。一名生产经理可能圆满地完成了他的生产目标，但是过高的人员流动率可能会导致工厂招募的员工群体在未来出现问题。一名办公室经理可能在更新办公设备方面做得很出色，但他的工资比例可能太高。

第五步，让对方思考可能的解决方案，以改善他在工作中薄弱环节的工作表现。只要有可能，就让他想出好点子。因为正如前面提到的"孩子是自家的好"，每个人都爱惜自己的点子，并会真正努力使这些点子发挥作用。你完全可以提供一个"建议的可能的解决方案"，然后说："当然，你比我更熟悉这个岗位，你比我更清楚这个方案是否可行。"

第六步，也是最后一步，与对方达成共识，了解他准备做些什么来改善他在工作中薄弱环节的表现。你可以用这样的话来结束谈话："好，今天就谈到这里，6个月后我们再坐下来，看一看你的计划进展如何。"

同时，永远不要忘记奖励机制。

任何组织的奖励机制都应该为那些想出更好的做事方法的员工，提供经济激励和额外的声望——包括：

- 对提供有价值建议的生产工人或办公室工作人员的现金奖励。
- 对达到或超过销售或生产配额的销售人员、主管和管理人员的现金奖励或加薪。

任何时候，只要有主管或其他管理岗位空缺，就应该尽可能从组

织内部提拔合格的员工来填补。

最后，你甚至可以勇敢地将定期评估表应用到自己身上。如果你真的想做你正在做的工作，你当然可以提升自己的能力，把你面临的任何问题都带着建议的解决方案去找老板，而不是带着问题去找老板。当然，你可以通过尽一切可能来成就向你汇报的人来发展你的人际关系。任何时候，当你真诚地想要帮助一个人充分发挥自己的能力时，你可能是世界上唯一一个对这个人有这种兴趣的人。从长远来看，如果你服务并成就了足够多的人，包括你的老板，你就不必为自己的升职加薪而烦恼，因为这些人确实会帮助你实现你内心渴望的目标。当然，只要你活着，你就会渴望不断提升对个人成就的构想。我和数百名正在这样做的人的第一手经验可以证明，确保你这样做的最好方法是每年做一次年度回顾。

每年一次，比如在你的生日或新年那天，坐下来回顾一下你在过去的一年里经历了什么。看一看你是否在按计划行事。然后详细说明来年具体的和直接的目标。把你的年度总结写下来，包括你在过去一年中做了什么或没做什么。制订一个明确的时间表，包括你在接下来的一年里想要实现的目标以及你将如何实现这一目标。

随着时间的推移，这些年度总结会变得越来越有价值。你很快就会发现你是一个多么优秀的计划制订者——无论你性格偏乐观，偏悲观，还是理性现实。你很快就会发现自己最常犯的错误，并学会如何避免它们。你会发现你的计划一年比一年清晰简洁。

这些对你人生计划的年度回顾，在适当的时候，会变成一部生动的个人编年史，揭示出你的整个人生观的演变——你认为什么是重要的，特别是你想要实现什么。一旦你知道自己信奉什么，并且确切地知道你想从生活中得到什么，你一定可以让自己的生活充实且平衡。只要你对未来怀有梦想，只要你对未来的憧憬远远超过你过去所取得的任何成就，你就永远不会变老。只要你活着，你就会继续赢得别人的好感，享受那些最了解你的人的钦佩和尊重。

结　语

以服务的态度对待他人

只要有足够多的人对你敞开内心，对你产生信任和信赖，世界上就没有什么是你不配拥有的。要想实现这一切，最好的方法就是不断提升和扩展你的服务态度，来面对与你一起生活的人、与你一起工作的人，以及你所结交的人。

一旦你通过让对方感受到你给予他的正面关注，倾听他的心声，设身处地为他着想，并帮助他证明他是对的，从而打开了他的内心，在这个过程中，如果你向他表明，你既考虑到了他的利益，也考虑到了你自己的利益，并且你愿意为他的利益服务，你们就在朝着自由交换意见从而达成令双方都满意的共识而迈进。这是获得任何人信任的必由之路。如果在每一种新出现的情况下，你都能表现出你愿意为对方的利益服务，也为你自己的利益服务，你最终会赢得对方对你的信赖。当我们意识到我们是如何相互依赖的时候，我们就更容易对他人采取正确的态度，并为他人的利益，以及所有相关者的利益服务，就像为我们自己的利益服务一样。

正如我们所看到的，相互信任和信赖是我们之间、我们的家庭之间、我们的朋友之间，抑或是任何类型的团体之间建立文明和富有成效的关系的唯一希望。信任和信赖是人类社会的基石。哪里没有信赖，哪里的文明就会崩溃。在大多数情况下，通过说服有可能打开他人的内心，赢得他们的信任，收获他们的信赖。但是，正如我们所看到的，在一个人们的心智普遍不成熟的世界里，除了说服之外，智慧地使用强制手段仍有其必要性。

每当你遇到特别顽固的一个人或一群人，拒绝对你的说服做出回应，你除了退却、投降，或采取强制手段之外别无选择。在你选择使用强制手段之前，无论你面对的是一个人还是一个群体，你最好“是对的一方”——不仅在你自己看来是对的，而且要让所有存在共同利益的人都认为你是对的；你最好“已经用尽了所有进行和平讨论和说服力的合理手段”；你最好“有实力”迫使对方为自己和所有存在共同利益的人做对的事情。但请记住，这种强制手段，充其量是炸药。即使在所有说服的希望似乎都已消失之后，也要始终记住，**弱者必须继续保持耐心，而强者完全可以承受得起耐心。**

在我们发现致病的细菌并找到消灭它的方法之前，任何疾病都无法得到控制。造成冲突的“细菌”是封闭的内心。个人之间的战争不过是两个对彼此封闭内心的人之间的冲突。正是对彼此封闭的内心在我们的家庭、事业和社交中引起了种种微小且琐碎的战争——这些微小的战争同样可鄙、同样恶劣，甚至对我们的精神和道德品质更具破坏性，因为它们往往伴随着虚伪的笑，没有任何公开战争所具有的英雄主义特质，而大规模战争只不过是这种精神疾病在许多人之间的传播。

除非我们找到方法打开参与冲突的个体封闭的内心，否则我们不能减少个人或集体间的冲突。在本书中，我们已揭示导致冲突的“细菌”，并提供了帮助对方证明他是对的这种简单的心态，这是消灭“细菌”，并打开封闭内心唯一可靠的方法。这是一种文明的心态，它不仅能使你在与他人的人际关系中理清思路，还能使你在人际关系中几乎不可能犯重大错误——这种心态是如此简单，如此容易接受，如此容易理解，你可以轻而易举地运用这种心态来使你与他人的日常交往变得更加愉快和富有成效。

这种心态符合所有清晰思考的基本规则；然而，它使你从掌握和应用所有这些规则的技术复杂性中解脱出来。你会发现清晰思考有4个步骤：（1）观察；（2）定义问题；（3）考虑各种可能的解决方案；（4）得出可接受的结论。你会非常清楚地看到，一旦你运用了帮助对方证明他是对的这种简单的心态，你就会自动地理解对方的观点和你自己的观点，你对他的问题和你自己的问题都能敞开内心，你会考虑可能的解决方案，既符合他的利益，也符合你自己的利益，你会同对方达成共识。这对所有存在共同利益的人都是最有利的。

显然，一个能够清晰思考的头脑，不会妄下结论。当任何人都抱着帮助对方证明他是对的这种心态时，他就不可能在与个人或群体的任何关系中产生偏见。我们现在知道如何通过运用说服的基本原则来打开封闭的内心，获得信任，并激发信赖。我们现在知道如果说服失败，我们可以考虑使用强制手段的3个基本条件。

我们已经定义了成功人际关系的原则，然而，更重要的工作仍然摆在我们面前，我们要把这些原则以这样一种方式传递给他人，即让世界上绝大多数人能够完全理解，为什么为了他们自己的利益和所有相关者的利益，使用这些原则来解决他们日常生活中遇到的问题是明智的。

当然，现在有一些人能够做到在家里超越个人的利益和短视的利益去看问题；一些员工愿意为企业的整体利益而服务；一些企业高管和工会领导认识到了劳资双方的问题，并了解双方对公众的义务；一些公民可以超越他们自己所在社区或所属地域的视野为国家的整体利益而行动；世界上每个国家都有一些人，他们有足够宏阔的视野，能够看到，只要其他国家的人遭受着贫困、疾病和处于低下的生活水平，他们就不可能活得安稳，他们自身的福祉密切而直接地取决于世界上所有国家的总体福祉。我们需要更多这样的人。当今世界教育面临的最大挑战之一就是培养更多的人达到这样的标准。

我始终坚信，如果我们从小学就开始教每个人零冲突沟通的简单原则，就像我们教阅读、写作和算术一样，很快就会对我们所生活的世界带来深远的影响。因为既然国家、种族、信仰和任何类型的团体都只是个人的集合体，那么随着世界各地的个人在与他人的日常人际关系中变得更加文明，他们在更大的群体关系中也会变得更加文明。与此同时，你不必等到世界变得更文明，才开始享受自己行为更加文明的好处。你可以从现在开始，通过改善与你一起生活和工作的人的关系，来大量练习。与你周围的人达成共识，给予他们正面关注，并对他们采取一种乐于服务的态度，这会让你感到幸福和满足。

事实上，生活所能带给我们的最大满足感来自别人需要我们的感觉。生活中最美好的报偿是，每当你试图服务他人的时候，你自己收获了更多。这能让你获得真正的自尊。下次当你感到心烦意乱又找不到原因时，只要在脑海中回顾一下你最近的人际关系，你可能会发现，你试图证明自己在某事上是对的，而其他人是错的。然后，把你的心态转变过来，看一看你能做些什么来认同对方的观点和利益。坦然地承认自己可能犯过的任何错误。如果你冒犯了别人，要尽快为你的错误道歉。一旦你对别人抱有正确的态度，你就会发现自己更容易与别人相处，更容易得到他们的配合，更容易使你与他人的关系更富有成效，更互利，更容易实现你的最高愿望。所以，从今天开始，在你所有的人际关系中，给予别人正面关注，并尽你所能为他们服务。